上海東亜同文書院大学図書館の世界

――その激動の軌跡から解き明かす――

成瀬 さよ子

本書を推薦します

本書は、戦前の中国・上海で1901年から45年間存在した国際ビジネススクールと称してもよい「東亜同文書院」（のち大学）における図書館の軌跡を明らかにし、あわせてそこから見える書院史にも言及したユニークな傑作著書である。

東亜同文書院は、その前史として、近衛篤麿公による南京同文書院と、荒尾精による日清貿易研究所をふまえ、1901年、日清間の貿易実務養成をめざすビジネススクールとして荒尾精の構想と根津一の手腕によってスタートした。当初南京同文書院でスタートした日清両国学生と共に教育する仕組みも、東亜同文書院の途中から実現し、まさに日中間の架け橋としての高等教育機関となった。1939年からは旧制大学へ昇格し、それにともない新たに専門部も付加され、5,000名の在籍者を数えた。

この東亜同文書院（以下書院）の開設は、近衛公の知恵で全国の各府県から東アジアにロマンを求めた県費生推薦を中心に優れた学生を集めて発足したが、近衛公が藩閥政府である明治政府に距離を置いたため、前半期は諸経費などの政府からの補助額は少額のまま推移し苦しい財政事情があった。

そのため、本来必要とされた「図書館」は「文庫」と称されるレベルで、その内実は厳しかった。しかも開学初期、1913年には清国軍と革命軍の衝突で最初の校舎が焼失、小規模ながらも図書も全焼、また1937年には根津院長が心血注いで建設した徐家匯の新校舎が、第2次上海事変で放火され全焼した。図書数8万冊と学生達の「大旅行」で蒐集してきた各地の商品見本や伝統工芸品10万点も焼失するという一大災難に見舞われた。

しかし、この大災難は日中戦争下、避難して空校舎になっていた隣接する上海交通大学の一時借用で対応し、失われた図書館の図書回復には日本だけでなくて、一部の中国側の寄付団体も加わり、初の10万冊を超える図書冊数に達した。

筆者（藤田）は、上海交通大学との交流会の訪問時に、その時の書院が残した図書台帳を見せてもらったことがある。そこには日本の経済団体、研究機関、満鉄や各地図書館、大学、個人などのほか中国側の大学や図書館からの寄贈も含まれ、日中戦争下にもかかわらず、中国側の協力も加わり図書が寄贈されたことも知った。ここに東亜同文書院の日中友好の基本姿勢の特色が中国側にも理解され、表れているようにも思われた。こうして波乱の歴史をたどった書院図書館の歴史が両国の支援で最高頂に達した。

にもかかわらず、戦局の厳しさの中、日本の敗戦で書院の図書館はじめ、研究所の図書、700コースに及ぶ書院生の大旅行日記、卒論などは民国側に接収され、その後共産党の新政権へと移転される結果となった。

以上のような数奇な運命をたどった書院の図書館史の実態とその動きを初めて解剖したのが、この成瀬さよ子氏の著作である。

成瀬氏は書院を継承した愛知大学図書館の司書職員として定年まで務めたまさに図書館人と言える人物である。戦前の書院を経営した東亜同文会が戦後GHQの手で閉鎖され、新生の「霞山会」となる中で東亜同文会時代に複本として所蔵されてきた大旅行や報告書は、この「霞山会」から「愛知大学」へ移管された。成瀬氏はレファレンス係を担当したときに書院への関心を強く抱いた。その心情を持ち、2004年アメリカの大手大学図書館を歴訪し、書院関係書の所蔵状況を調べる機会を得る中で、アメリカで最大の日本研究の拠点であるミシガン大学図書館のキュレーターで、書院に関心を持つ仁木賢司氏と知り合い、アメリカにおける書院研究にも触れる経験があった。帰国後は、さらに書院研究を広めることに力を注ぎ多大な文献データ整理を行う大きな功績を残した。

また退職後は、愛知大学の旧職員の方々を集めて、以上の成果を書院史として伝える活動も行った。さらに幻となっていた書院図書館の存在と内容を明らかにするためにアジア歴史資料センターの外務省外交史料館（日本外交文書）の調査を徹底的に追及する世界へ入り込み、4年間あまりデータ収集に費やし実像に迫った。

その成果が、この著作に結実する事になった。長年の司書を通して愛大のルーツ校である書院史の中の図書館史を明らかにしたのは、本書が初めてであり、大きな功績だといえる。

しかも、書院の図書館史を明らかにするとともに、それに関係した財政・人事・教育・来訪者・出版ほか書院史とのかかわりにも留意していて「書院図書館史から見た書院史」という視点にも触れていて、極めて興味ある成果である。

筆者（藤田）は書院生の「大旅行」誌から、中国・東南アジアの近代と書院史に迫ってきたが、成瀬氏はそこに書院図書館史から迫る分析を成功させており、書院史にさらに厚みを増やした点で、より書院の実情に迫ることが出来たと言える。
今回あらためて成瀬氏の成果をふまえ、日本の近代史関係への研究の進展に貢献できることを期待して、少々長くなったが本書の推薦の言葉とさせていただく。

2024.6.13

以　上

愛知大学名誉教授（地理学）
元愛知大学東亜同文書院大学記念センター長
理学博士　藤田佳久

目　次

凡例

1．本文および資料は、『決算書』と『事業報告書』をもとに作成しており、支那の表記は原文のママとした。また、合計値が一致しない場合もあるが、そのまま使用した。

2．本文および資料1では原文通り小数点以下3ケタまで表示したが、本文中のグラフおよび資料2･3では、1円未満は四捨五入した。

はじめに

（1）目的

東亜同文書院大学の図書館について、愛知大学図書館に在職時から少しずつ資料を集めていた。退職後かなりの時を経た2019年11月から、本格的に国立公文書館アジア歴史資料センター[(1)]の外務省外交文書のデータベース調査を開始した。東亜同文会の『予算・決算書』は、本学図書館には収蔵されていなかったが、外務省外交文書のデータベースではかなり揃っていた。また『事業報告書』も同データベースではかなり揃っていたが、データベースに欠けている年度を本学図書館（霞山文庫）が収蔵していた。東亜同文書院を知る上で最も基礎となるこの2種類の資料が、これまでベールに包まれてきた東亜同文書院大学の図書館に関する情報を明らかにしてくれると考えたからである。従って東亜同文書院大学図書館の図書費関係については『予算・決算書』を、図書館の具体的な活動については『事業報告書』を軸に紐解く事とした。

（2）上海東亜同文書院大学（図書館）の歴史

東亜同文書院は、東亜同文会の会長である近衛篤麿[(2)]が、日本人を育成するための学校を、支那（中国）に設立したいと考え、支那の実力者である両江総督劉坤一と湖広総督張之洞[(3)]らの賛同を得て、1900年に南京に南京同文書院として設立した高等専門学校である。

東亜同文会は、支那に南京同文書院を設立するその2年前（1898年）に、東京の地で中国人が日本を学ぶための学校として最初に「東京同文書院」を設立していたことは、特記に値する。日本と中国の若者たちがお互いに相手の国で、異なる言語を学び異文化に触れ互いに理解に努める、グローバルで崇高な書院思想を育てるという教育の根幹がここに感じとれる。

南京同文書院は、設立して半年も経たないうちに義和団事件[(4)]が起こり、南京周辺は危険となり、劉坤一の勧めもあり上海に移転することとなった。その後1901年に上海に東亜同文書院が設立されると、同じ上海の地にあった南京同文書院が合併された。当初南京同文書院は、南京の地に復帰する予定であったが、上海が清国商業上の重要拠点でありその社会上・政治上・外交上のすべての面で大変便益があり東亜の体制を知る上でも重要な役割を果たしていると考えたからであった。

以後東亜同文書院は、租界外地に開設した外国の学校として、日中戦争中も上海の地にあり、約5千人の同窓生を輩出した。この間に高等専門学校から大学に昇格し、多くの若者が中国・アジア等各地で活躍するも1945年8月に日本の敗戦で閉校となり、中国から引き揚げるまでの45年間の歴史を持つ。そして多くの人材と歴史的遺産は、戦後誕生した愛知大学へと引き継がれていった。

しかし激動の時代に戦争となった相手国で学ぶのは至難の出来事で、この間に東亜同文書院のすべての建物は、図書館を含め2度も焼失の憂き目にあった（上海で開講できず全員が九州に疎開したのは3度起きた）。

1回目の焼失は、大正2（1913）年7月で第2革命乱(5)に遭遇し、中国軍の北軍（袁世凱）と南軍（国民党）が、江南機器局争奪戦のため東亜同文書院の桂墅里《クイシュリ》校舎を挟んでの戦闘で、書院の建物は蜂の巣状態になりすべて焼失してしまった。

この状況は書院監督の植野貞正が外務省に以下の文章「東亜同文書院焼失の真情」（大正3年2月）を提出している。

> 焼け残った書院の建物及び壁に命中した砲弾は、全て機器局に面する方からで背南、南軍からは全く見当たらなかった。当時の南軍は書院を挟んで遥かに遠い所にあり、北軍の砲弾に比べ飛距離も短いものであった。
>
> しかも砲弾は機器局方面からで、北軍砲隊及び軍艦から発射されていて書院の建物の下部に集中して命中しており、南軍への砲撃ならば書院の建物を越えるため当たったとしても建物の高い位置になるはずで、これは北軍の故意以外考えられない。（要約）

2回目の焼失事件は、焼けた桂墅里《クイシュリ》校舎から移転した赫司克而《ハスケルロ》仮校舎の3年間を経て、大正6（1917）年、新校舎の徐家滙《ジョカワイ》・虹橋路《ホンヂャオロ》校舎に移転して約20年後の昭和12（1937）年の事であり、書院が最も充実していた全盛期の時代に起こった。

昭和12年7月、支那事変により日中が激しい戦闘となり、租界外にあった書院は8月一時フランス租界の自然科学研究所に避難するが、戦闘区域が拡大すると現地で開校できないと判断、9月長崎の県師範学校跡に仮校舎を定め10月18日に開校式を挙行し、授業を行った。同年11月に入り、上海の校舎及び付属建物は、数回にわたった支那兵の放火によりほぼ全焼した。図書館の焼失で約8.4万冊の図書が消え、他に雑誌・新聞類もあり、物産館では教員や学生が支那各地に出かけた時集めた各地の物産・標本類約8千個もすべて灰ジンと帰した。およそ10万冊の資料が焼失した。

翌昭和13年4月に上海に復帰することになり、当時支那学生たちが避難して使用されていなかった上海交通大学校舎（海格路《ハイコーロ》にあった）を借用することになった。この地で東亜同文書院は大学昇格を果たした。以降も東亜同文書院大学は、自前の校舎を持ちたいと国に予算申請を行い、新しい土地建物を探したがかなわず、昭和20年8月15日敗戦となり、閉校になるまで上海交通大学跡で過ごすこととなる。

このように45年間に2度も焼失し、その都度ゼロからの出発を余儀なくされた東亜同文書院大学が如何にして復活出来たのか、図書館はどんな図書館であったのか明らかにしたいと考えた。

まず下記のように2度の焼失を区切りにして、初期・中期・後期に分けて、東亜同文書院大学の予算・補助金・図書費・図書館の内容・蔵書の推移等について調査した。

Ⅰ章：初期の時代：上海・高昌廟《コウショウビョウ》・桂墅里《クイシュリ》校舎
明治34～大正2年度

Ⅱ章：中期の時代：上海・徐家匯《ジョカワイ》・虹橋路《ホンチャオロ》校舎
大正6～昭和12年度

Ⅲ章：後期の時代：上海・海格路《ハイコーロ》臨時校舎上海交通大学跡
昭和13～昭和20年度

北四川路

I 初期の時代

高昌廟《コウショウビョウ》・桂墅里《クイシュリ》校舎

明治34（1901）年5月〜大正2（1913）年7月

桂墅里《クイシュリ》校舎

(1) 経常予算(支出額)と図書費について(明治34～大正2年度)

(以下基本的に決算書で調査)

南京同文書院が創設された明治33年度の決算額は8,734.738円であり、その内書籍購入費は384.21円である。南京同文書院は南京の城内から半年で上海の地に移転し、翌34年に上海で創設した東亜同文書院と合併した。明治34年以降の経常費支出額を見ると、34年度は35,510.092円となり、以後年々増加して大正2年度には143,166.164円となった。同様に図書費は明治34年度には1,304.950円であり、大正2年度は2,514.849円である。創立当初から比較すると経常費の伸びは、多少の増減があるが14年間で16.4倍とアップしたが、図書費の伸びは6.5倍にすぎない。(図1、2)

また経常費支出額に対する図書費の比率は、創立当年度・次年度は総予算が少ないため4%であるが、その後は減少し1%～2%に留まった。(資料1参照)

東亜同文会・東亜同文書院年度別決算額と国庫補助金一覧を見ると開学当時の明治33年度から40年度まで、書院は赤字をだしていないように見える。しかし詳細を確認すると東亜同文会が毎年借入金や寄付金を集め、また株を売却し収入を増やし、各「部」(東亜同文会が運営する他の学校等)の残額をかき集めて赤字となった書院に繰入れていた。もちろん書院も借入金で補填しているが、結果書院の決算は赤字になっていない。(資料2参照)

一方東亜同文会は、借入金をしているにもかかわらず、明治36年度から大正2年度まで

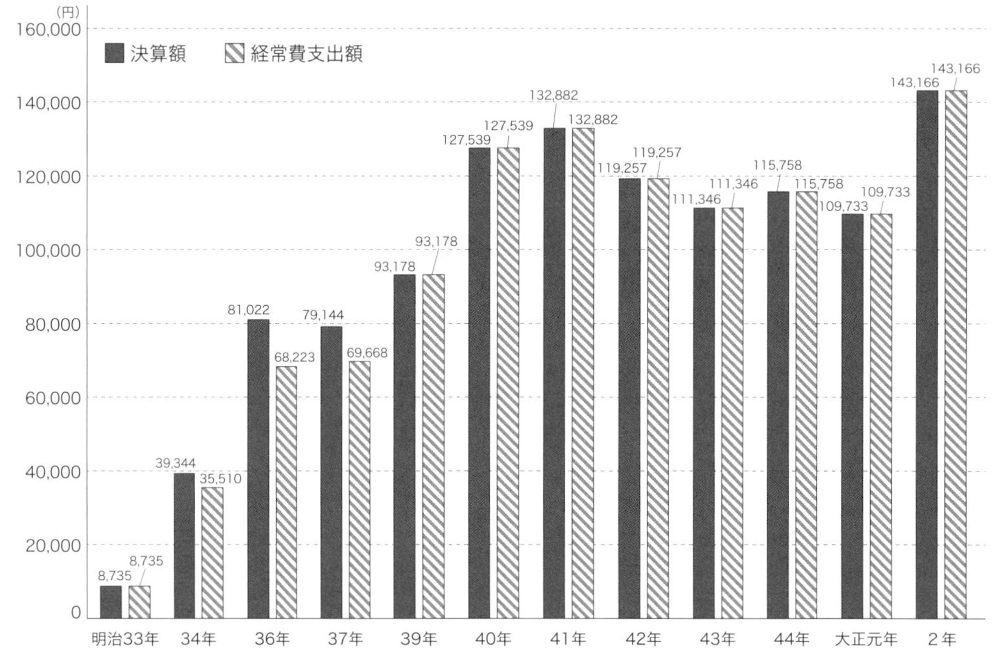

図1 初期における書院の決算総額と経常費(明治33～大正2年度)

の間、毎年赤字決算が続いている。

明治36年度は東亜同文会が、各「部」からの剰余金4,046円を回収し、寄付金5,000円を集め、当年度分として34,550円を借入し、収入を増やして各「部」に配分している。また緊縮財政として漢口支部の撤回や、為替銀下落のため欠損も出し結果1,325円の赤字となった。

明治36年度の東亜同文書院は、借入金として2,500円返済しているが、決算としては黒字であった。

明治39年度の東亜同文会決算書には、本部の借入金と各「部」の借入金が並記されている。「部」の1つである東亜同文書院は、当該年度の借入金を決め、自ら返済をしていくことになった。この頃の東亜同文会は、利子を生む貯金も底をついていた。頼りとなる母体がまさに危機的状態であったのである。東亜同文書院は自前で何とかする事が求められていった。

以後東亜同文書院を中心に話を進める。

東亜同文書院は、明治41年度以降大正2年度まで毎年赤字決算となっている。
この主な理由は、前年度不足金の補填、教育事業費の増加、借入金の返済、為替差益等によるやむを得ない事情であった。また学生に10日に一回支給されるべき1弗の小遣いすら遅滞することもあった。このような状況下では、図書費は必要欠くべからざる費目とはならなかった。全体の予算が増えても図書費はほとんど増えず、常に経常予算の1%～2%以内に留まった。また外地の学校は文部省ではなく外務省管轄であった事が図書費について大

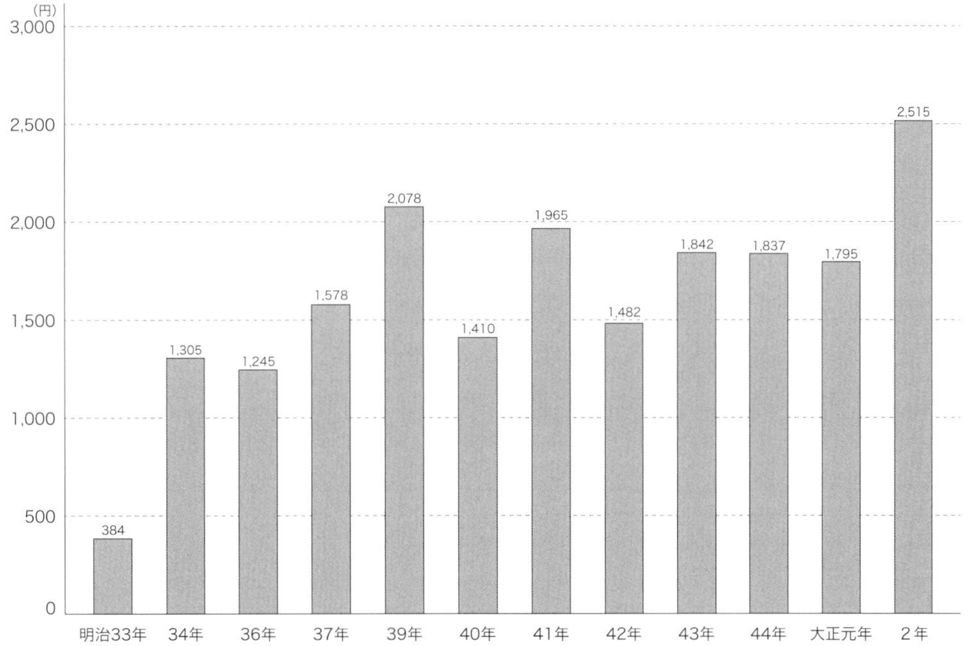

図2　初期における図書費支出額（明治 33 ～大正２年度）

様であった事も原因かと考えられる。

他に図書費が伸びない理由として考えられる要素としては、東亜同文書院という学校が、最上級生になると4か月以上も学生のみで中国各地を鍋釜を持参し主に徒歩で移動し、直に現地の人と触れ合い話を聞きとり、資料収集を行い、宿では南京虫に襲われ移動時には匪賊に襲われることもあり、また危険地帯には現地の警察に護衛されたりしながらも旅行を貫徹しこれを卒業論文として書き記し『支那調査旅行報告書』としてまとめ上げた。こうした現地調査（フィールドワーク）を最重視していたことが関係していたといえる。この体験を重んじた校風が、書物から得る知識よりも優先し図書費の増額要求に繋がらなかったかと思われる。現地情報は、先輩達が書き残した『調査旅行報告書』と、今を切り取った「新聞」を読めばある程度の現地の情報を得られたであろう。さらに上海という大都会は、大勢の人と物が往来する巨大な市場の中にあり、支那各地の情報が比較的容易に入手できる環境にあったといえる。何よりも現地に住む同窓生の力は大きかったに相違ない。書院生は事あるごとに在滬の同窓生宅を訪問し、食事を馳走になり大旅行の話を聞き心躍らせ、来る大旅行に期待で胸を膨らませていた。

（2）国庫補助金との関係（明治34～大正2年度）

次に国からの補助金はどのように推移したのか調べると、明治33年に東亜同文会に国庫補助金として4万円が支給されたが、大正2年度まで同額の4万円のままで経過している（明治43年度のみ調査費として2,500円が追加された）。この13年間の間に東亜同文会は、国（外務省）に対して補助金増額の申請をしなかったのか？しても却下されたのか？これについては資料が見当たらないが、藩閥政治に批判的な近衛篤麿と明治政府との軋轢が影響した可能性があると言われている。

そして大正2年7月に校舎が全焼失するというショッキングな事件が起きるとやっと年度途中に外務省から国庫補助金が1万円追加交付された。（資料2・3参照）

この間東亜同文会の執行額は、明治33年度に73,458.287円だったが、大正2年度には執行額が237,369.176円となって、およそ3.2倍に膨らんでいる。母体である東亜同文会の不足額は大きく、大正2年度だけで5万円を超える赤字を出している。

また当初東亜同文会に支給された国庫補助金は、その活動の主となっている東亜同文書院を含む「部」には、主に維持金という名目で配分され、その金額は年度ごとに相違しているが、4万円の補助金の内約20％～64％が書院に配分された。（図3）

明治34年頃の東亜同文会の国庫補助金額4万円の配分先は、東亜同文書院の他に東京同文書院・平壌日語学校・城津学堂・仙頭同文書院・韓南学堂・達城学校・同文滬報費・漢口支部費等の11部に配分していたが、明治40年度には、本部・東亜同文書院・東京同文書院・調査編纂部の4部に減じた。そして経営を安定すべき東亜同文書院に配分額を増加させ書院経営に比重を移していった。

大正2年度の同文会への国庫補助金が、4万円に加えて臨時費として1万円追加交付された理由は、革命兵火による校舎焼失のための復興資金として交付された。しかし到底その金額で足りるはずもなく、23,276.185円の不足額を生じた。続く大正3年度の国庫補助金額はいきなり110,000円に倍増しており、大正6年以降の中期へと続く全盛期への足掛かりとなっていった。

大正2年7月東亜同文書院が全焼した時の上海日本総領事館が調査した「損害報告書」では、書院の損害は、総額337,624弗で、その内図書費としては103,930.58弗の損失で、標本・農産・林産・貨幣等の工業品は30,456弗の損害であると記されている。この火災による損失額は中国軍との交渉により大正4年に22.5万円受領することになる。

赫司克而《ハスケルロ》仮校舎

全焼した東亜同文書院は、高昌廟《コウショウビョウ》・桂墅里《ケイシュリ》校舎から、大正2年10月31日直ちに赫司克而《ハスケルロ》仮校舎に移り、ここで大正6年3月まで過ごすことになる。

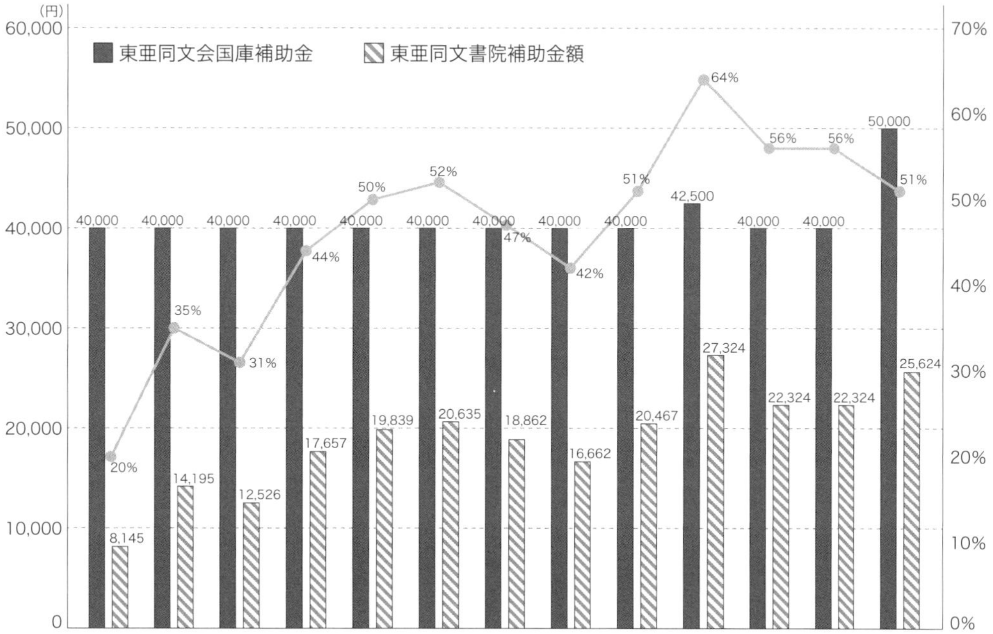

図3　東亜同文会国庫補助金に対する東亜同文書院への配分（明治 33 ～大正２年度）

(3) 図書館について (明治34～大正2年度)

初期の時代は、まだ図書室という言葉も使用されていなくて、東亜同文書院章程では「文庫」と称していた。初期の時代は「文庫」に収録されている蔵書数や利用状況など具体的に書かれた資料は見当たらない。『事業報告書』の中で図書館の項目が確認できたのは、大正11年度以降である。従って少ない資料から図書館の様子を推測する。

桂野里《クイシュリ》寄宿舎（北寮）

明治33年に設立された南京同文書院は、まだ図書室すらなかった。

「南京同文書院章程」は、日本人用と中国人用の言語で用意されていて、第一章：組織、第二章：修学年限及び学歴、第三章：入学退学、第四章：試験、第五章：学資、第六章：寄宿舎、第七章：補足、末尾に南京同文書院生徒寄宿舎並びに教場全図があり、教室と生徒寄宿舎の間に広い土地があり、現在は支那人の住宅であるが、ここを借入し手入れの上、新聞閲覧室、書籍館（しょじゃくかん）、倶楽室、柔術場・剣場・倉庫等に充てる見込みと記載されていたが、半年も経たないうちに南京から上海に移動となり、やがて上海の東亜同文書院と合併した。ここでは書籍館と記しているが、実態はまだ存在しなかった。

明治38年10月改定された「在上海東亜同文書院章程」によると第一章から第八章まであり、最後の附則：二に倶楽部規則がある。第三条：倶楽部内に6室を置く。歓話室2室、新聞縦覧室1室、文庫1室、図書閲覧室1室、学生応接所1室倶楽部の開閉館は午前6時から午後9時までと記されている。

文庫（図書室）規則は以下の通り

第 一 条：事務室備付図書の外本院所蔵の図書はすべて本院文庫に納めるべきものである

第 二 条：本院職員並びに学生は文庫の図書を借覧できる。ただし院長の許可を得たものは院外の者でも借覧できる

第 三 条：職員図書を借覧したいときは文庫係の承諾を受けるものとする

第 四 条：学生図書を借覧したいときは文庫係より用紙をうけとり、図書目録につき所要の書名、其架号、番号、冊数及び自己の姓名などを記入し自己の図書閲覧表と共に文庫係に差出すこと

第 五 条：借受けた図書は室外に帯出できない

第 六 条：一時に3部以上借覧できない

第 七 条：教授上又は研究上参考のため職員図書を帯出したい時は、規定の証書に書名など記入して文庫係に交付すること。ただし一時に5部以上は帯出できない

第 八 条：職員、係員の外文庫内に入って図書を検索できない

第 九 条：閲覧室では静粛を旨とし音読・談話・喫煙は不可

第 十 条：借受けた図書を汚損、紛失したら弁償すること

第十一条：文庫の開閉館の時間は、倶楽部の開閉館と同じ。ただし時宜により変更もありうる

第十二条：日曜日及び日清の大祭日は文庫は開かない

第十三条：学生一人ごとに図書閲覧表を交付する

第十四条：図書閲覧表を紛失した時はその事情を詳記し下付願を差出す事

第十五条：寄贈の図書は特に寄贈者の姓名を記して文庫に保存する

明治39年の文庫は、学生倶楽部1棟の中に文庫室、参考閲覧室、新聞縦覧室、歓話室、物品販売室などがあった。と記されているように倶楽部の中に文庫室が存在していた。尚職員住宅内には別に職員倶楽部も備えていた。

明治41年の事務職員は、会計係1名の他に2名の事務員渡辺繁三（明治11年5.1生）と安河内弘（明治11年12.3生）が雇用された。当時書庫内は学生が入ることができなかったため、おそらく2人の内のどちらかが文庫室に配属されたと考えられるが、確証はつかめていない。

明治41年に発行された『沿革史：日清貿易研究所・東亜同文書院』102p. には、創立以来7星霜を経過した。文庫も大いに拡張して午前8時より午後10時まで学生は自由に借覧できる。との記載がある。先の「章程」では、午前6時から午後9時と記載されているだけに実態は如何様であったのか？規則に捉われない自由があったのか気になるところである。

明治43～44年の「東亜同文書院章程」『在上海東亜同文書院一覧』では 二：文庫規則、五：倶楽部規則となっていて、文庫が倶楽部から独立したことがわかる。文庫の規則は、先に示された規則とほぼ同じであるが、第十一条：文庫の開閉館は、午前6時より午後11時までの間において時宜に従いこれを定む、とされ長時間の開館となった。一方倶楽部の開閉館は、以前と同じで午前6時から午後9時となっている。（資料４参照）

書院は教員も学生も全員が寄宿舎生活であるため、長時間勉強時間が確保できる場所が用意され、尚図書や雑誌が利用できるのは大変有意義だったに相違ない。学生達のレベルは相当高く漢籍も読みこなしていた事が、卒業論文などからも分かる。

大正2年第二革命乱に遭遇し、桂墅里《クイシュリ》校舎が焼失する。この時の先輩から聞いた話として以下の文章があった。

　大正２年7月支那第二革命の兵火は桂墅里の校舎を一夜のうちに灰じんと化し

> た。明治34年5月26日開院式が挙げられて12年3か月、2万5千冊以上の貴重な図書文献が焼失した。先輩諸先生からの聞き覚えが正しければその大部分は漢籍類であった。その他は約2割が和書とわずかばかりの洋書であったらしい。この漢籍類は多くは再び入手できない稀覯書籍であったとの事。後の賠償交渉の際にはこの2万5千冊の貴重書籍の焼失が重要な役割となった。万難を昌して復興が計画されたが、時勢は書院に是ならずして復興の事業は遅々として進まず。大正６年４月徐家匯虹橋路新築校舎に移転する４年間の仮校舎時代は図書館の復興を見ることは出来ず。堂々たる新校舎は出来たが仮校舎からは１冊の図書さえ搬送するものを持たなかった。当時の私は商務科１年生だったが、３年生の有志で「学生文庫」の創設を提唱し、学生所有の図書の寄付を要請したが皆書物をあまり持っていなくてわずか本棚2個に読み古しの雑誌類が備え付けられたに過ぎなかった。

と久保田正三が記している。「東亜同文書院図書館の回顧」『崑崙』1巻1号（昭和14年12月）

この記載から2つの事が分かった。1つは大正2年の7月の焼失以前の蔵書は約25,000冊（内和書約5,000冊、洋書はわずかで、蔵書の中心は稀覯書ばかりの漢書20,000冊）であったことと、もう1つは、焼失後移転した赫司克而《ハスケルロ》の仮校舎から1冊の図書も虹橋路《ホンジャオロ》の新校舎に搬送できなかったというのはちょっと解せない表記だと思った。大正3・4年度の図書執行額はそれまでの2千円台から3千円台に増額されており、大正5年度の予算書では図書費は1,892.63円が計上されていたのに、これらの図書購入本はどこに配架されたのだろうか？

焼失した桂墅里《クイシュリ》校舎

II 中期（黄金期）の時代

徐家匯《ジョカワイ》・虹橋路《ホンチャオロ》校舎

大正6（1917）年4月～昭和12（1937）年7月

虹橋路《ホンチャオロ》校舎

(1) 予算と図書費について(大正6～昭和12年度)

①-A　大正時代の事業拡大

大正時代には大きな事業が次々と打ち出され、臨時費が膨らんでいった。大正3年9月には農工科が設立され、大正6年銀貨急落を予想し担保預金運用で大きな剰余金を得たことが、事業拡張の引き金となった。

大正7年度に書院の拡張費と付属支那人学校の新設の予算が認可され、これまでの経常予算の3倍の予算になり500,000円前後の予算が組まれていった。この大正7年度の拡大計画の「事業予定書」の中に、「図書雑誌収集として支那に関する各種図書・雑誌等を収集し一層図書資料の充実を図り希望者に閲覧の便宜を与え、一般の支那研究者のために役立つ閲覧場の設置など計画している」と記載して予算申請したが、残念ながら大正7年5月1日、外務大臣からの「命令書」には図書に関する項目は削除されていて、学生増員の予算・支那人学校の創設・校舎拡張の予算等の計画は認可され、国庫補助金が4年間で58万余円認められた。なぜ図書館の充実計画が認可されなかったのか？この理由は、書院が外地の学校であったため、管轄が文部省ではなく、外務省であったことが一因ではないかと考えられる。文部省であれば高等専門学校として配備すべき一定の基準図書冊数の具体的な指導があったはずである。後に文部省督学官が書院を見学した際に図書数について、和書の新刊本が少ない、洋書は少なくとも1万冊必要であると指摘している。

大正7年頃の上海周辺は、排日運動が盛んとなり、予算が認可された支那人学校のための学生募集は、暫くの間中止せざるを得ず、遅れること2年、大正9年度に中華学生部を新設できた。さらに支那では銀貨暴騰・物価騰貴のため、生活が困窮し俸給増額の国庫補助金申請書を提出している。

大正7年10月22日、上海総領事有吉明から外務大臣内田康哉に宛てた書簡では、以下の意見が述べられている。

a. 教職員の不備不信が遺憾である。学生が優秀なだけに非常に残念である。この最大の原因は俸給が著しく低く一般に生活程度が高い上海にあって誠に残念である。現在好景気の日本から優秀な教師を招聘するのは不可能である。

b. 支那の学生を支那で養成するのは対支政策で初の事であり、英米と比べどういう学生を育てるのか不明で、例えば支那人教育を行うセントジョーンズ大学では、本国でも同校の意義を認識し、卒業生はオックスフォード大学に入学できるというシステムを持っている。書院が国内の相当な学校と連携し、卒業後の就職の保護まで考えて行わないと却って反感を買い排日学生を養成する結果になりうる。

c. ついては、今回の拡張補助費を教職員優遇費に充てて俸給を増加し、名のある学者を招聘すべきである。また同校の修要年限を4年にすべきであると考えられる。

d. 次に図書館を充実し、これを物産館類似の設備を整えることが肝要である。近年本邦より支那視察や調査のため派遣される者が多いが、彼らの多くは類似の目的を持ち同一地方に赴くものが多いが、その予備的知識材料を供給し、また調査結果を統合するべき機関が欠如している。東亜同文書院の図書館を拡張充実して各地の物産なども収容し、学生教職員の研究材料とすると同時に地方一般研究者の便に供することをすべきと考える。
要は、時局と我対支施設との緊密の関係に鑑み、相当の成績を上げてきた歴史を有する東亜同文書院をもっと利用発達することは我が国にとって早道である。

上海総領事からの意見書に力を得た東亜同文会は、外務大臣宛てに経費不足のための「陳情書」と書院の充実のための「申請書」を提出する。結果、大正9年度の東亜同文書院の当初予算は323,694.320円であったが、執行予算は677,921.53円となり、経費不足補助金（143,700円）や卒業生からの寄付金（54,800円）を得た。さらに銀貨低落を予想して得た剰余金等で次年度繰越金154,609.86円を得た。これにより職員優遇費として67,255円、図書館整備費20,340円を予算化し図書室増設費を確保できた。この内訳は、図書購入費として5,000円、事務職員の俸給等に3,340円、図書館増築費として12,000円が含まれている。また図書館の増設は敷地購入困難となったため大正10年度に着工できず、大正12年にずれ込んでいった。（図4）

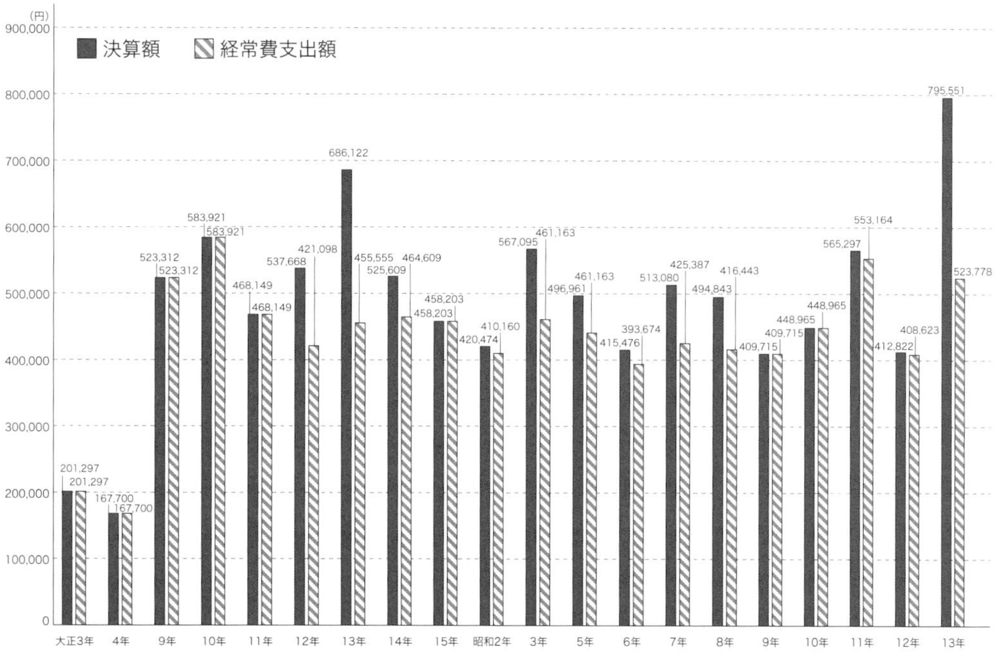

図４　中期以降における書院決算額と経常費（大正３～昭和１３年度）

また教職員優遇費の67,255円の内訳は、それまで（年給）院長1,500円、教頭1,800円、教授平均818円、助教平均450円だったが、大幅アップし、院長3,000円，教頭2,700円、教授1,388円、助教900円とした。これまで院長が教頭の給料よりも安かったのは、根津一院長が書院の窮状を憂い「外部から招聘する方には相応の給料を支払わなくては来てもらえない。自分は低くて良い」と言われたからだと滬友会（書院同窓生）の方から聞いていたが、これが事実だったと証明できた。しかし優遇費をもってしても、まだ2割以上も安い俸給だと言われていた。特に外地赴任手当は本給と同額かそれ以上が相場だと言われていた。（資料10参照）

大正12年9月1日、関東大震災により東京の同文会本部は建物倒壊後に焼失した。本部の重要書類及び帳簿類は全て焼失した。この年書院は学生の退学や休学が予定以上に多かったため収入不足となり、経常部において62,528.94円、臨時部の図書館・学生会館・病院の建築費・土地購入費等で9,687.51円、合計72,216.45円の不足を生じたが、財源がないためすべて借入金でまかなった。にもかかわらず、35,686.03円の赤字を生じた。

大正13年度の補助金増額理由は、銀が高騰したためで、年初には銀100弗に対し邦貨115円で計算したが、急激に125円となり、11月の平均は147.50円となり、年度内最高相場は151.50円であった。このため経常費補助と別に4月15日に臨時補助金が東亜同文会に240,000円（書院には61,000円）交付されたが、これでは足りず、さらに、51,669.7円の赤字を出した。

大正14年度は為替率が好転したため大きな犠牲にならなくて済んだが、永年勤続の4名の教授が相次いで死亡、さらに7名の退職者(6)を出したため、弔慰金、療養費、葬祭費、退職慰労金、帰朝旅費、新任者赴任費、旅費等多額の費用を支出した。

結果27,203.78円の赤字を生じた。

①-B　大正時代の経常費と図書費

徐家匯《ジョカワイ》の新校舎に移転する前の4年間を過ごした赫司克而《ハスケルロ》仮校舎時代の決算額は、大正3年度は経常費額201,296.634円であり、大正4年度は167,699.854円である。大正5年度と虹橋路校舎に移転後の大正6年度～8年度の決算書は欠落している。（＊予算書は大正5、7～8年はあり）

大正9年度の経常費支出額は523,311.67円、10年度は583,920.96円、12年度は421,098.47円、14年度は464,608.80円、15年度は458,03.22円と推移していて、虹橋路校舎に移転後の大正9年度には、経常費予算が赫司克而《ハスケルロ》仮校舎時代（大正3年～5年）と比べ2倍以上に増加したが、大正10年度以降は年ごとに変動し、年度によっては最大16万円以上差がある。（資料1参照）

特に大正10年度の執行額が増大したのは、念願の図書館建築が認められ維持金（同文会から配分された国庫補助金）5,000円の他に国庫補助金215,960円交付されていて、さらに為替の関係で銀下落を予想し借入を銀決済としたため9年度残額154,609.86円を10年度に繰越ができたからであった。

図書費は大正3年度には3,295.81円で、9年度に4,705.78円、10年度に8,935.090円となり11年度は過去最高の10,984.22円となり12年度も10,306.94円と1万円台が続くが、13年度から減じ14年度に6,330.80円となり、15年度に7,513.97円と変動している。こちらも最大7,688円の差を生じている。（図5）

大正11年度・12年度の図書費は独立した図書館が完成した結果であるが、一旦1万円を越えた図書費が、14年度は6千円台に落ち込んでいる。この理由は、1つに大正10年2月に待望であった図書館主任として植野武雄が着任するも大正13年には退職したため図書館としては柱を失い大きな痛手となった。

この中期時代の前半である大正時代の図書費は、経常費予算の1%～2%の間に推移していて、図書費が金額的には前期時代に比べれば増加しているものの、経常予算に対する比率では創立以来ほとんど変化は見られない。

②-A　昭和（12年度まで）の事業

昭和5年には創立30周年記念祝典が行われるために、昭和に入ると節約方針を取り、将来のため繰越金を生み、また為替不安のため為替差損準備金を用意する。昭和5年には銀貨が暴落し状況が一変する。銀貨100弗に対して金貨59.74円、この時期を逃さず、これまでの懸案事項に取り掛かった。書院の土地購入費・運動場整備費・体育館・水泳場新築・

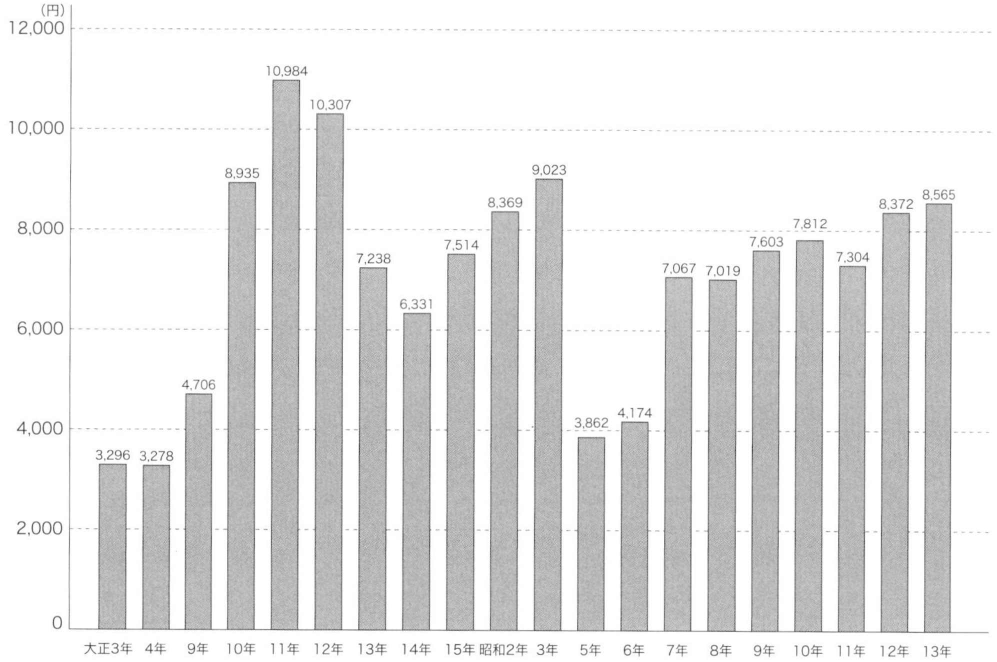

図5　中期以降の東亜同文書院図書費支出額（大正３～昭和１３年度）

寄宿舎土地整備費等は、国庫補助金に加えて経常費からの繰り入れ、前年度繰越金を臨時費に組み込んで毎年資金を確保して数年かかって整備していった。

昭和6年9月満州事変[(7)]が起こったため、運動場の整備工事が中断し、土地拡大の商談中の事案が自然消滅した。このため108,372円が次年度繰越となった。また満州事変に端を発した戦闘が1月28日上海事変へ拡大したため翌日から休講措置を取り、共同租界内に避難する。しかしますます戦闘激化し食糧確保の困難・衛生状態の悪化等安全が確保できなくなり学生・教職員を長崎へ避難させたが、3月24日に上海に戻った。そのため事変費として、15,111.034円の出費を要した。決算書では銀100弗にたいし、金50.519円の割となっていた。

昭和7年度には体育館・水泳場の施設が完成し、運動場も整備された。寄宿舎の土地も購入できた。ただし支払いは年度計画とした。この頃の換金率は銀100弗に対し金80.27円の割合となっていた。昭和8年度には銀100弗に対し金102.603円となり、昭和9年度には銀貨の表記が元となり、銀100元に対し金121.69円となり、32,013円の赤字を出した。

昭和9・10年の決算書は書院を含む学校収支計算書（他に中日学院・江漢中学校）のみ資料があり、東亜同文会全体の決算資料は不明である。

昭和10年度には米国による銀貨釣上政策が猛烈となり、同年5月には円貨が急落148.25円となった。元来銀で支払うべき主要経費に不足を生じ、金で俸給を受ける教職員及び各種の支給を受ける学生の日常生活に支障を生じた。監督当局の了解を得て、教職員の金支給に対して1割増、学生には銀支給とした。従って双方の欠損額は大きく、書院として金153,842.84円（東亜同文会では、金200,000円）に達した。

昭和11年度は、法政科増設のため国庫補助金を前年度に追加して37,980円増額要請（関連する図書の購入も含めて申請）を行ったが認められず、従来通りとなったため6月に再度増額申請を行った。結果、図書費増額は認められず、法政科増設費（教員増）12,400円と学生の調査旅費4,000円の合計16,400円の補助金が9月に公布された。なお同年には欠損補填のため国庫補助金が書院に97,320.69円が臨時費として交付された。この年の為替換算率は、銀100元に対して金103.737円の割となった。

昭和12年度は、書院としては451,270円の予算申請となっており、学生人員の増加で学資金が増収した事による。しかし12年度の臨時費は、学生食堂・武道場の新築費として115,225.95円を予算申請したが、前年の7月に却下された。

昭和12年7月7日、北支で盧溝橋事件（支那事変）[(8)]が発生し日中が戦闘状態となった。戦闘はさらに中支へと南下拡大し、8月には上海でも戦闘開始となった。書院は一時仏租界地上海自然科学研究所に避難するもいよいよ危険となり、9月中旬長崎に避難し長崎県師範学校跡で開校した。翌年3月まで長崎仮校舎で授業を行った。

長崎に疎開している間に、上海の書院の建物は、支那兵の放火によりほぼ全焼してしまった。図書館も一部の貴重書を自然科学研究所に搬送できたが、残存図書約8.4万冊が焼失した。物産館に収納していた各地の物産・標本類は、各部門を通して約8,000個に上り、かなり整備されていたが全て灰に帰した。

このような状況下にもかかわらず、外務大臣より一旦交付された国庫補助金の削減命令が出された。1回目は昭和12年9月9日で、東亜同文会として15,000（書院は12,000）円の減額、2回目は同年10月19日、さらに東亜同文会の国庫補助金を8,100（書院は7,390）円減額とした。減額理由は支那事変に際し節約するようにとの内容であったが、外務省対支文化事業の記録では、同仁会診療救護班を支那に派遣するための経費が必要であると明記されていた。この費用を工面するため一旦は交付された補助金の返還命令が2度も出されるとはなんとも迷惑な話であるが、それだけ外務省も余裕がなく切羽詰まっていたという事であろう。

しかし結果は、東亜同文書院は支那事変によって長崎での開校を余儀なくされ、その経費52,658.53円を外務省に申請し、国庫補助金を50,000円獲得したが、残額2,658.53円は、本部の経常費から捻出することになった。

②-B　昭和（12年度まで）の経常費と図書費

昭和2年度の経常費支出は、410,162.20円、6年度は393,673.97円、8年度は416,443.13円、10年度は448,964.72円、11年度は553,164.24円、12年度には408,623.07円と変化していて、その最大差は159,490.27円であった。

図書費の変化は、昭和2年度に8,369円、5年度に3,862円、6年度4,174円、8年度に7,018.954円、10年度に7,812.41円、12年度に8,372.469円となっている。昭和5・6年度の図書費が少なかった理由は、為替が影響した（銀が暴落し昭和5年に銀100：金59.7、6年に銀100：金51）。昭和7年度から12年度まで図書費は7千円台から8千円台に回復したが、大正時代の1万円台に復帰することはなかった。

（2）国庫補助金との関係

大正3年度から国庫補助金は、申請した「部」（書院）に対して補助金額が明記されて交付されるようになった。書院に公布された国庫補助金額は、大正3年度に82,215円だったのが、大正10年度には220,960円（この内特別補助金、100,000円は銀貨高騰のため経費不足となった借入金返済のため特別に交付された）、大正11・12年度は、120,960円と低額となったが、昭和3年度に208,000円、昭和5年度から10年度は210,000～220,000円前後が続き、昭和11年度に280,446円、12年度には166,335円となっている。

年度ごとに書院の国庫補助金は、目まぐるしく増減している。国庫補助金額が多い年度は、新規事業の計画・建物の増改築・人件費の改善・上海での世情の変化・為替による補填等の申請に従って交付された。（図6）

一方で明治33年書院が創立以来交付された東亜同文会への4万円の国庫補助金額は、大正13年まで続いたが、その後3万円、1.5万円と減額され昭和12年度は1.2万円に減少（その後昭和13年度には消滅）した。この国庫補助金は、東亜同文会が書院には維持金として、大正3年度に22,800円程配分されていたが、大正7年頃から徐々に低下し18,572円、大正10年には5,000円、大正14年度には2,500円となり、大正15年度には維持金が消滅している。これは国庫補助金が申請した「部」に対して、経常費でも臨時費でも認可した際には国庫補助金額が明記され交付されるようになったため、東亜同文会全体に対する補助金ではない事を示して廃止されたと思われる。（資料２・３参照）

（3）図書館について

①大正時代の図書館

大正10年度から『事業報告書』が存在した。これも『予・決算報告』と同様に東亜同文会が運営するすべての事業をまとめて『事業報告書』として提出している。大正10年度の『事業報告書』の目次には、書院の項目の中に図書館に関する項目はまだ存在していない。

大正10年2月1日、図書館主任（館長）として植野武雄[9]が着任する。彼はしかるべく新図書館の運営と書庫内の図書をもっとスムーズに利用できるようにとのミッションを得ていたため、即座に整理業務の改革に取り掛かった。同年3月20日の「現在職員表」には、

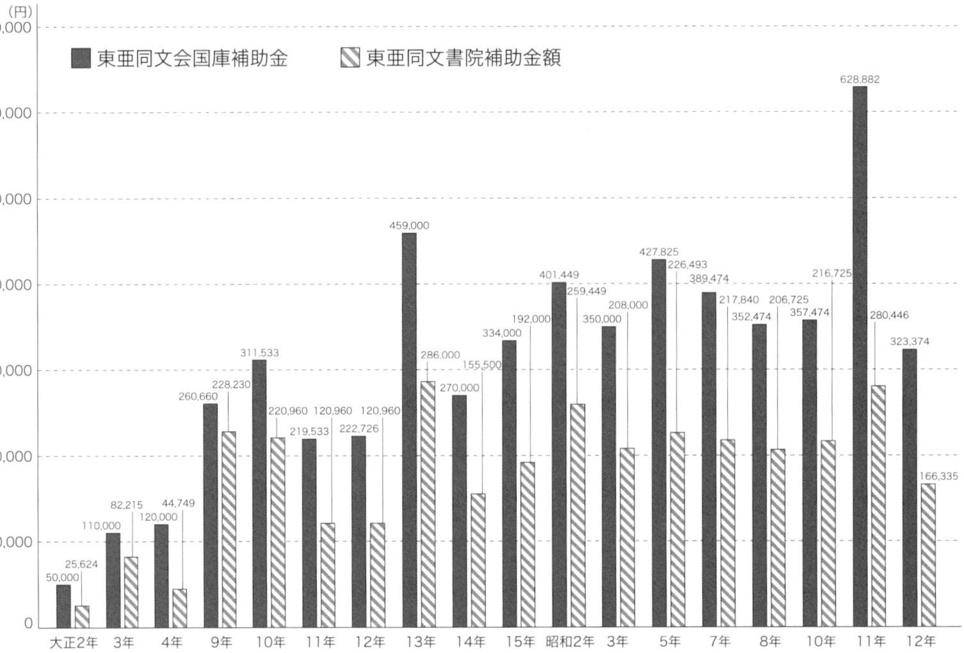

図６　中期の東亜同文会と東亜同文書院の国庫補助金比較（大正２～昭和 12 年度）

図書係として岡野一朗[10]の名前があり、大正7年4月就職と記載（根津院長還暦祝賀記念誌）されているので、図書館職員は2名の専任職員が確定し、いよいよ新図書館に向かって本格的に稼働し始めた。

大正11年より新図書館の建築が着工し、大正12年3月末に新図書館と書庫が完成した。ここで小規模ながら初めて独立した建物、図書館となる。この図書館はコンクリートレンガ2階建て114坪、階上に学生閲覧室と事務室、階下は支那研究部と各教授の研究室、別に耐火性の3階建て書庫があり、1階は洋書、2階は和書と貴重書、3階に漢書が配架された。

これまで整理方法について具体的に書かれた資料は見当たらないが、書庫からの出し入れにも時間がかかり、ことあるごとに東亜同文書院の蔵書は大変なことになっていると複数の人が述べている。おそらく虹橋路校舎設立当初は、八門分類表を利用し途中から独自に九門、さらに十門へと拡大修正して使用していたと思われるが、当時の分類整理には排架法は考慮されなかったため、大正12年6月刊行の『図書館目録』を見ると大きな分野（政治・外交・法律・社会問題の部が一門）で分かれているものの、その中はランダムに書名・著者名のみ明記されていて請求記号としては何ら記載がない。従って現物と『目録』をつなぐ記載がないため図書の出納に非常に時間がかかったと思われる。

大正11年度『事業報告書』の目次には、初めて図書館の項目が出現した。従来の文庫から図書館へと呼称を変更した。また図書費予算も年平均1万円を継続して確保した。この年度から部門別図書閲覧状況の統計が載るようになった。これは植野の力量の賜物であった。

大正12年12月末に出版した『増加図書目録』第1輯の緒言に図書館代表として植野が述べており、新たに利用統計（教員・学生別）も部門別に公表し載せている。そして、何よりも蔵書を十門に分け主題ごとにアルファベットを付けた。[11]

例えば第一門の法律、政治、外交、社会問題はJとし、J1は法令、J2はそれ以外の法律書・政治・社会学に分けた。さらに号（一連番号ではなく数字が91から突然180に飛んでいる。またシリーズ物は同じ番号もあるが違うのもある）・番（一部は巻数かと思われたが、異なるようだ）も数字を付して目録に乗せたため、いわゆる請求記号として成立させたと思われる。しかし今見ても門の中の分野別区分けはなく、号のつけ方は謎であり、番は同一シリーズでも巻数表示ではなく1とか2ばかりついていて理解できない。後の司書は、この分類目録整理法に対して、非常に難解であるとぼやいていた。

しかし一旦請求記号が付与されてしまえば、個別化はされていなくても利用者からの請求時には以前よりも容易に対応できたはずである。ただし職員を含め利用者が理解できないのは難点であった。また『図書目録』に未収録の図書の利用は出来ないはずで、五十音別図書カード目録が完成したのは翌年の大正13年であった。

大正12年9月1日、関東大震災により東京の本部及び事務所が崩壊と火災で焼失した。

外務省を通じて本土の各帝国大学やその他の図書館から図書購入（主に漢籍）依頼があり、書院の図書館が出来る限りの便宜を図っていた。近時内外の図書館と連絡を取り相互に利益増進しつつあるのは学界の慶事であると記されている。

大正13年9月10日、岡野一朗が講師兼務（事務員としては大正7年から勤務していて、支那研究部に所属）として雇用される。この年度から部門別閲覧状況として、十部門からさらに叢書・雑書が追加され、十一部門に区分けしている。五十音別図書「カード」索引が完成。

近年は内地から大学等の研究者や学生（女学校）等の団体が多数本院を訪問して盛況である。支那研究部[12]は、図書館と連携して、外来者に参考資料を提供し調査研究の指導等行って便宜を図っていると記載されている（学外者が調査研究のために書院を利用した者20名、一般参観者384名）。

図書館主任植野武雄が家庭の都合で退職した。後任は和田喜八教授（商業学・簿記担当）が兼任となる。

大正14年、図書内容別索引「カード」の編成に従事したが、甚だ困難な事業となるが、今年度中には完成予定である。図書館業務は順調で図書・雑誌の寄贈が増加して喜ばしい。また一般閲覧状況も極めて良好で前年度同期のおよそ倍加している。

大正15年1月19～2月19日、文部省督学官矢野貫城[13]が「支那における学事視察報告」の中で、書院視察結果を以下のように記している。（図書館関係のみ要約）

> 蔵書は和書約10,000冊、漢書約30,000冊、洋書3,500冊であり、本校が有力な支那研究機関であるためには、もっと図書の整備をすべきである。近時書庫を建築し図書館の充実に努めているが、基本となるべき洋書類は、専門学校なら最低1万冊は必要であり、新刊本購入にもっと力を入れる必要がある。漢書は相当力を入れて揃っている。また学生の苦心した「大旅行報告書」を集めたものは、他に得難き資料であるので、学生が十分これを利用することを奨励すれば研究上の効果大である。

大正15年、市中は不穏な事件が多く、円貨の急落に加え銀塊の高騰により、事業の遂行に大打撃となったため、12項目の補助申請書（59,637.75円）を提出した（図書費の増額としては1,475.75円の申請）。5月大津麟平院長が辞職し、近衛文麿院長が就任。12月26日に昭和元年となる。3月市内は混乱状態となり、書院駐在中の陸戦隊は厳重な警戒をする。

この年内容別索引「カード」が完成し、従来の図書索引に対する不備を補い、一般閲覧者に多大な便宜を与えられた。また図書館に暖房工事が施工された。

支那研究部が、全ての委員に対してアンケート（要望書）を実施した。図書館に関する要望が最も高かった。

1. 図書館を充実させること。

①図書館の内容貧弱

②内外の雑誌乏しい

③日本及び支那各地の文献乏しい。図書費が財政困窮の際でも年1万円支出したことがあるので、少なくともその程度に復帰させること。

2. 研究資料費の充実

3. 研究室の完備と増設（暖房の設置）…

以上出された要望について研究部委員会として議論し、予算要求書を提出したが、残念ながら図書館に関係する内容は削除され、支那研究部としての要求書が作成された。

②昭和時代（昭和12年度まで）の図書館

昭和2年度、洋書著者名目録の編成に着手し完成。書名目録は既に完成済。さらに和漢書著者名目録を編成中である。

図書館・閲覧室

昭和3年度、支那研究部には、備付雑誌種類数が245種あり、日文130種、華文70種、英文45種、新聞は14種で日文8種、華文3種、英文3種を収蔵していた。支那研究部は、学生が卒業時に行う大旅行の指導も行っており、学生にとっては非常に頼りになる存在であった。

同年図書館では仕切りのあるデスク（キャレルデスク）を新設し、一人一燈式のスタンドとした。近視予防の観点から机を傾斜させて前方に衝立を設け隣席との間にも境界を作った。結果利用者は数倍となった。

昭和4年度、図書館専門掲示板を各寮及び教員室に新設し、絶えず図書館との接触を計った。新たに新着図書の解題を試み、学生の読書欲を刺激誘導し大いに成果があった。学生が外国書を閲覧するものが少ないため、外国書の貸出を1ヶ月に延長したところ、閲覧者数3倍に増加した。図書館の設備、ことに書庫が旧式であるため最新式の図書館の新設要望が高まった。

昭和5年4月、閲覧室内に基本図書939冊を公開して満2か月になるが、その成果大いに見るべきものあり。漸次その冊数を増やす計画であったが、構造上実行困難であるのは遺憾である。従って毎年公開図書を更改することにした。学生から図書委員を10名選び、新入生にガイダンスを行った。内容は館内を一巡し図書検索方法、閲覧心得を説明、「図書館手引のしおり」を配布した。

昭和6年度、図書館司書として鵜鷹幸蔵が着任する。[14] 従来学生の館外貸出を毎週水・土に行っていたが、11月より月・水・土の3日行うこととした。

昭和7年度、年々図書の増加に伴い、書庫が狭くなっている。蔵書の増加は望ましいが、内容の整備が急を要するため、図書館図書分類委員として大谷教授、山崎助教授、中馬事務員（産業館）が委嘱された。本館における図書分類法は本館創立時に制定されたもので、爾来10数年社会の進歩とともに新学説は提唱され、現在の分類法では不備が多く、事務上、閲覧上、能率が悪いため改善を行うよう委員を設けた。また事務用カードの作成、蔵書目録の刊行も急務である。昭和5年に発足した学生図書委員の活躍が目覚ましく学生と図書館の連絡、公開図書紛失の防止等顕著な効果を収め、さらに昭和7年12月には、雑誌『読書月刊』（＊事業報告書では『読書月間』と誤記）を創刊するに至った。内容は諸教授寄稿の良書紹介、各月の閲覧状況及び増加図書目録等を掲載した。そして教職員全員と学生寮各室に一部ずつ配布した。

昭和8年度、学生図書委員は『読書月刊』第7号まで続刊したが、さらに『満蒙関係記事件名目録』和文雑誌の部を作成した。これは本館に所有する和文雑誌中満蒙に関する記事をすべて摘出「カード」に記入し、件名で配列、カード室備付と同時に印刷し、冊子体とした。また蔵書調査も出納事務が閑散となる夏季休暇を利用し、本館全蔵書を図書原簿と照合して紛失の有無を調査した。このような功績により学生図書委員3名の功労者表彰式を行った。

昭和9年5月、学生図書委員7名による毎号50余ページに及ぶ『読書月刊』第18号を発行。新入生図書館案内は、新入生を2組に分け、教室で30分間本館の利用法を話してから、実地で見学させたが、未だ充分でなく、少なくとも数時間の図書館講座を設ける必要がある。

今年から、無登録図書の登録を開始した。和書の第1門から始め、本期末には第8門まで登録を終了した。

夏季休暇中は長期貸出を行い、和漢洋書3冊に限り長期貸出を行った。

学生の帯出日は毎週月と木の2回行い、継続帯出を許可した（これまでは週3回であったが、学生の希望により変更した）。『読書月刊』は昭和10年1月より『東亜同文書院図書館報』に改め、謄写刷から活版印刷とし創刊号とした。書庫が狭く、新聞・雑誌の閲覧は、図書閲覧室に併置のため騒がしいが分離したくても建物が狭いので実施できないのが残念である。現在の図書の分類法は十数年以前に制定したもので、その種別は極めてずさんで8万冊の蔵書に対して甚だ不便で閲覧能率が悪いので、目下新分類編成に努力している。

昭和10年度、学生図書委員6名、『東亜同文書院図書館報』第4号～6号発行。従来の書名分類カードの中の漢書カードには、記入事項の誤りや不備が多かったが、本期に入り事務用カードを完成させタイプライターで作成し入れ替えた。

大谷幸太郎教授（経済原論担当）が図書館主任となる。図書館司書鵜鷹幸蔵（昭和6年に着任）が図書分類法研究のため東京出張。

昭和11年、学生図書委員2名を表彰。『図書館報』11号を刊行。

後にもり・きよしが「在滬八年一切是空」[15]で書院の図書館主任は鵜鷹として紹介しているがこれは誤りではないかと思われる。少なくも調査した限り鵜鷹を主任に任ずるという記載は見当たらないし、昭和10年度に大谷教授が、昭和13年度に穂積文雄教授（簿記・交通論）が図書館主任を任じられており、この期間は鵜鷹が司書として在職していたからである。しかしいずれにせよ鵜鷹が図書館の主任的役割を担っていたのは間違いない。（資料5参照）

昭和11年に鵜鷹の他に櫛島善次郎[16]が図書館職員として追加された。本年度より法政学科が開設されたが、この方面の研究資料は甚だ乏しいので蒐集は急務であるが、近時為替相場が悪化しており、洋書の購入がすこぶる不利となっている。また本館図書購入費は約6,000円で、わずかに新刊良書の一部が購入できるに過ぎないが、これで満足しなければならない状況である。

書庫は延べ坪143坪で、蔵書73,000冊、外に雑誌・新聞7,500冊あり、既に飽和状態である。従って書架の整頓に無理を生じ出納の敏速を欠いているのは無論、接架者には検索に不便で遺憾ともしがたい点甚だ多い。増築は最緊急課題である。また図書館全体が非常に狭いと痛感している。

昭和12年7月、北支で盧溝橋事件が発生して以来日中戦争へと拡大, 8月上海においても危険が迫ったので、館内の図書及び機器類を書庫内に格納、重要書類と貴重図書（309冊）を自然科学研究所に搬出して、図書館を閉鎖し、全員長崎に避難した。東亜同文会の協力で長崎県師範学校跡に仮校舎を定め、10月18日長崎で開校した。10月25日残った図書と雑誌で長崎仮校舎にて開館。

資料はわずかで教授や学生の研究調査上支障が出たが、長崎高等商業学校及び県立長崎図書館の好意で蔵書を利用させてもらえた。3月末まで仮校舎で授業を行った。

昭和12年11月支那兵の放火により上海の校舎及び建物はほぼ全焼し、図書館に残した図書約8.4万冊他に雑誌や産業館の資料等含めると10万冊が焼失した。被害額の全容は、1,254,297.49円でこの内建物被害は、589,661.79円、図書は151,339.23円であった。その後上海の情勢は暫時平静になり、外務省及び軍部の援助の下に上海交通大学跡を臨時校舎と決定し、昭和13年4月復院する。

③蔵書の推移（資料9参照）

大正３年頃の図書館は前身を文庫と称し院内建物の一部に設けられ、わずか4,500冊の図書を収蔵していただけで、その設備も極めて不完全であった。

大正10年9月末の蔵書冊数は、邦文図書約4,000冊、漢文約19,800冊、欧文約1,020冊、合計約24,820冊であった。

大正11年度3月末の蔵書数は、和漢書26,300冊、洋書1,100冊、合計27,400冊で、前期に対して2,580冊増加と記載がある。ここで大正10年9月末蔵書統計と大正11年度末の蔵書統計の取り方が異なる（和と漢別・和漢）ので戸惑うが、少なくとも洋書の増加は80冊、和漢書の増加は2,500冊であったことが分かる。以後昭和4年度まで和漢書の伸びは着実に増え51,645冊となった。（図7）

昭和6年度から和書・漢書・洋書に分けて蔵書数を表すように変更されたので、この間の蔵書を調べると和書は大正10年9月の時点で4,000冊であったが、昭和6年度には15,215冊である。10年間に約11,215冊の増加とすれば年平均1,121冊の増加となる。同様に漢書は19,800冊から昭和6年度に42,664冊であるので、22,864冊増加した。年平均2,286冊数の増加で和書に比して2倍増加となっている。洋書は1,020冊から5,530冊なので、年平均451冊の増加である。

同様に昭和6年度を起点に昭和11年度の6か年間の増加冊数を比較すると、和書は15,215冊から24,133冊となり、8,918冊の増加となり、漢書は42,664冊から51,777冊となり、9,113冊増加し、洋書は5,530冊から8,114冊になり、2,584冊増加した。それぞれの年平均増加冊数は和書1,486冊、漢書は1,518冊、洋書は430冊増加した。昭和6年度以降になってやっと和書と漢書の伸び率が近くなり、洋書については年平均20冊以上も減少していた。この原因は図書費が少なく洋書が高額なためやむを得ないと司書が述べている。（図8）

この伸びでいくと昭和12年度には和書25,619冊、漢書53,295冊、洋書8,544冊、合計87,458冊に増えるはずであったが、支那軍の略奪と放火により10万冊の資料がすべて灰となった。

昭和12年度の蔵書は、上海自然科学研究所に避難させた貴重図書309冊を含め和書

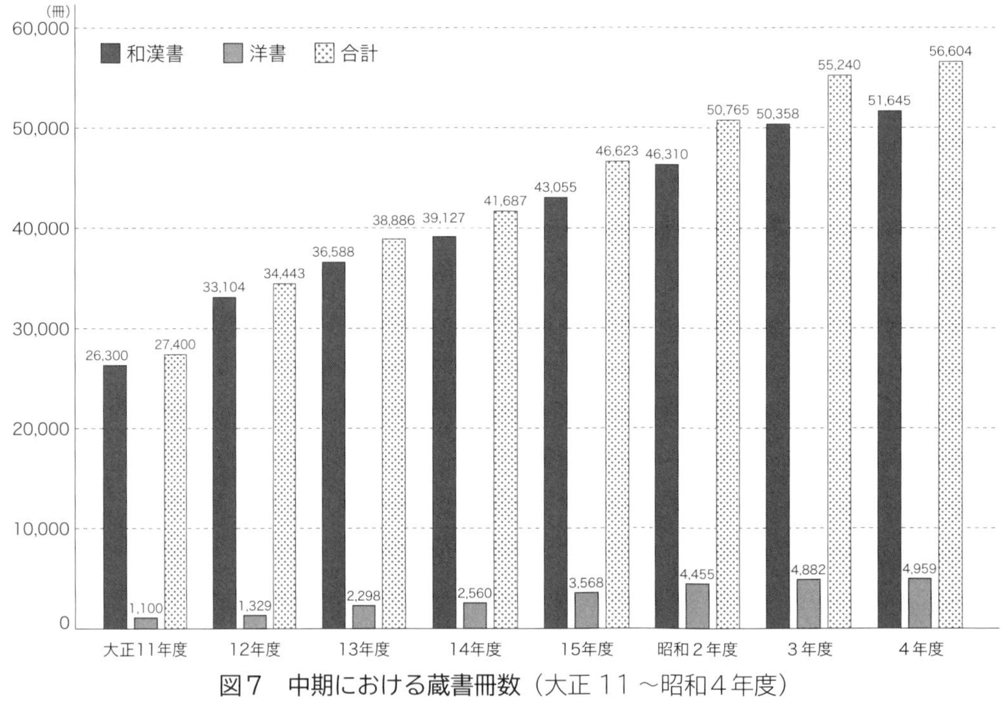

図７　中期における蔵書冊数（大正１１～昭和４年度）

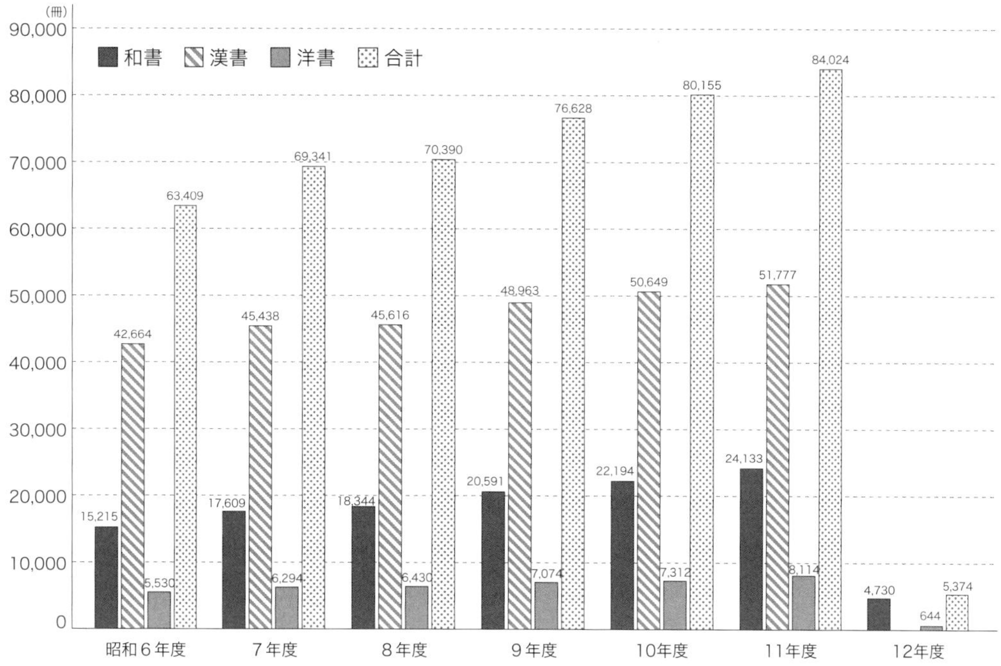

図8　中期における蔵書冊数（昭和6～12年度）

1,424冊、漢書362冊、洋書222冊、合計2,008冊の蔵書（昭和13年2月末）から再スタートを計った。

分野別蔵書冊数の統計は『事業報告書』の中には記載がなかったが、『創立三十周年記念東亜同文書院誌』に初めて記載されていたので、ここに紹介する。（表1）

表1　昭和4年度　部門別蔵書構成表（昭和5年3月）

部門	和書	漢書	洋書	合計（冊）
第一門（法律政治外交社会）	1,678	5,269	518	7,465
第二門（経済財政商業交通）	2,325	−	835	3,160
第三門（哲学宗教教育芸術）	1,039	1,635	185	2,859
第四門（文学語学）	1,654	4,242	720	6,616
第五門（歴史伝記）	776	2,585	236	3,597
第六門（地理紀行）	620	11,875	252	12,729
第七門（科学産業）	1,644	971	763	3,378
第八門（叢書雑書）	1,041	12,374	137	13,552
第九門（辞書典目）	493	540	324	1,357
第十門（報告統計一覧年鑑）	1,101	−	458	1,559
第十一門（雑誌合本）	727	−	597	1,324
合計	13,098	39,471	5,025	57,596

※創立三十周年記念東亜同文書院誌による

（ただし『事業報告書』の数字と比べて992冊蔵書数が多い）

昭和4年度部門別蔵書冊数（昭和5年3月）は、蔵書数57,596冊の内訳が分かる貴重な資料である。中国大旅行を特徴とする学校だけあって、まず歴史地理関係図書（第五門・第六門）が16,326冊で全体の28％を占めていて蔵書構成上中核をなしている。次に政治科・商事科の2科関係（政治・法律及び経済財政・科学産業（第一門・第二門・第七門））図書が14,003冊で24％を占めており、分野的には大変バランスが取れているように思われる。しかしやはり和書23％、漢書68％、洋書9％の割合から見て突出している漢書数は、中国で学ぶ学校であり、中国各地に大調査旅行をする特徴ある学校であることを考えれば漢書が多いのは当り前かもしれないが、和書・洋書とのアンバランスは気になるところである。

④閲覧状況（大正11〜昭和12年度）

大正11年度『事業報告書』下半期から閲覧状況のデータが記載されているが、大正12年度以降は上半期だけといった半期分だけの閲覧データや、全く閲覧データが記載されていない（昭和4・5年度）年度もある。一方データ取得内容に差異があり、利用者データに学生・教職員の区別のない年度もある一方で、詳細な学年別利用者数・学生主題別利用者数が記載された年度もある。従って同じような記載内容の年度の中から、できるだけ多く選択しその傾向を把握することとした。

また『創立三十周年記念東亜同文書院誌』にも閲覧データが掲載されていたが、学生のみのデータだったり、1年間の範囲が3月〜翌年2月であったりして『事業報告書』のデータと相違が大きいため比較するのは断念した。（資6参照）

＜結果判明したこと＞（図9）

ア．年間通じての図書館の開館日数は、283日〜292日であり、平均287日であった。ただし事変等のため年度途中で閉館した・開館日が遅れた等の記載のある年度は除いた。

イ．上記の中で最も多く開館した昭和10年度の292日は、上半期（4－9月）開館日は152日で、下半期（10月－3月）は140日であった。にもかかわらず開館日数が少ない下半期の方が、図書館の利用冊数はほぼ1.7倍多いことが判明した。他の年度も同様で、ほぼ2倍近く下半期の方が教員も学生も利用冊数は伸びていた。月別統計では11月と1月が最も多く利用していた。

ウ．学年別利用冊数は、それほど学年によって大差はない。昭和6・7年度の利用が落ち込んだのは、満州事変を発端に上海事変へと拡大したため、昭和7年1月29日より図書館を閉館、2月3日長崎へと避難、4月に上海に帰院し15日から開館したため図書館を利用できる日数の減少が影響した結果であった。

エ．学生主題別利用統計は、すべての年度において圧倒的に文学・語学部門が利用されていたことが判明した。全分野の22％〜36％を文学・語学が占めていた。唯一大正13年度のみ経済・商業部門が第1位になっていて、全体の比率では24％を占め、第2

位の文学・語学は22%であった。上位5位までの部門が全体のほぼ80%を占めている。さらに興味深いことに教職員のデータ（昭和13年度）も学生同様文学・語学部門が第1位で2位が法律・政治・外交・社会で3位が歴史・地理・紀行、4位経済・商業、5位は哲学・宗教・教育であった。また教員は支那研究部に新聞・雑誌を多く収蔵しているので図書館でこれらを利用する必要がなかったと思われる。

オ. 書院の特徴である歴史・地理・紀行の分野であるが、図書館としては歴史・伝記と地理・紀行を分けて利用者数がカウントされているが、これを合算して集計してみたが、意外にも順位としては第5位が多く、全体の1割以下の利用率でそれ程多くは利用されていなかった。その中で大正12年度のみが、第1位の文学・語学に続いて第2位歴史・地理と健闘していた。

これは推測であるが、大旅行調査報告書に係る資料は、閲覧請求しなければ利用できない図書館にではなく支那研究部に配架されていたのではないかと思われる。なぜならば支那研究部では、学生達が大旅行調査に関する相談が常にできる体制が整っていたからである。学生調査旅行の指導が研究部に所属する教員達の主要な業務の一つとなっていたのである。

また学生が書いた『支那調査報告書』の索引目録の作成や旅行写真の整理なども同研究部の業務の中に繰り込まれていた。支那研究部に大旅行関係の資料がまとまって収蔵されていた方が、学生には便利で利用しやすかったと思われる。

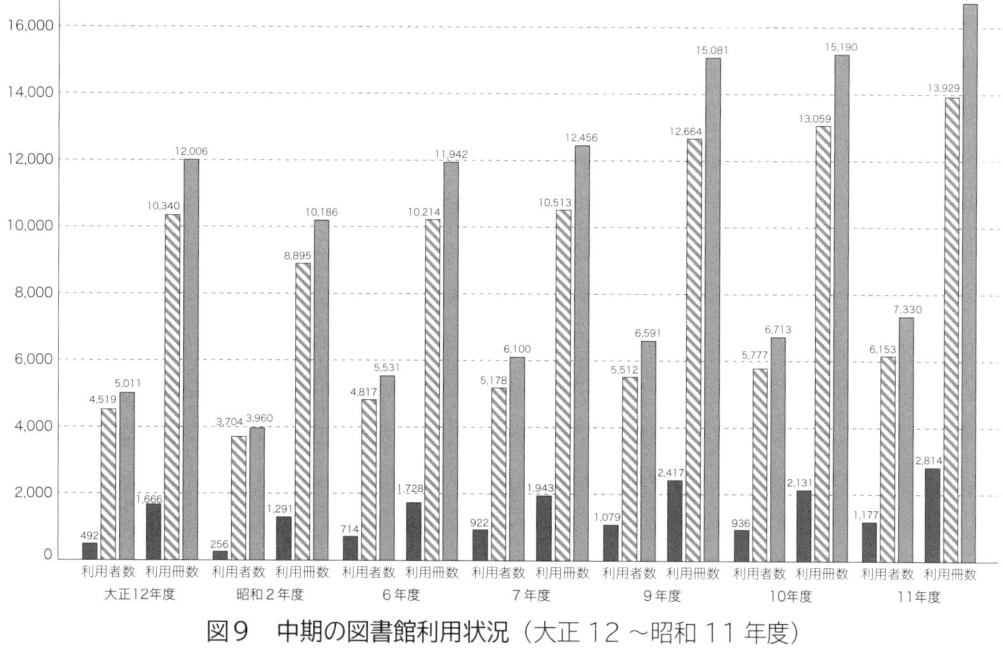

図9　中期の図書館利用状況（大正12～昭和11年度）

カ. これまで教職員は館外貸出が許されていたが、学生については全寮制で開館時間も長いことから図書の帯出は禁止されていた（明治以降の章程による）。統計上でも閲覧記録があるのみで館外貸出の統計はなかったが、「事業報告書」の業務日誌の中には、昭和4年、学生の外国書の貸出を1ヶ月とした。昭和6年には学生の館外貸出日を毎週水・土から月・水・土とした等の記載がある。昭和8年の夏季休暇中（7月1日〜9月9日）は長期貸出（1人3冊まで）が認められていた。9年度も同様であったとの記載があるが、規定が見当たらない。

改めて明治・大正および昭和14年までに出された「東亜同文書院章程」を確認したが、大正２年の「章程」に文庫規則は従来通りとの記載を最後に「章程」から図書館関係の記載がなくなった。大正12年に独立した図書館が存在しながら、図書館規則が存在しないという事はあり得ない事だと思われた。調べたところ昭和14年4月改正の「図書館規則」（後述）は、愛知大学図書館に収蔵していた（資料7参照）ので、今後は大正12年頃の最初の「図書館規則」の存在を調査する必要を感じた。

⑤学外からの訪問者（大正12〜昭和11年度）

閲覧データを作成していて疑問に感じたことは、書院には中国の各地から、あるいは本土から毎日多くの見学者が団体で訪問していたにもかかわらず、図書館のデータには学外の利用者数がほとんど記載されていない事だった。わずかに昭和9年以降12年度まで合計27名が一般人の閲覧者数として記載があるにすぎなかった。

『事業報告書』には業務日誌的な行事摘録があるため、これを調査し自分なりに学外者訪問リストを作成してみた。ただし上海領事館や在軍関係者が赴任先交代のため挨拶に訪問した、また非常事態の度に書院に派遣され学内警備をした陸軍部隊等は、見学者リストから除外した。調査は学外者が書院に来館し学内を参観したと記載のある事項を中心とし、また学外からの講演者については行事摘録に記載のある人物をリストアップした。学外者の院内案内は、多くの場合院長・副院長等役職者が中心に行っていて、非常に丁寧な対応であった事がうかがえる。（資料8参照）

A. 学外講演者は各界一流の人たち

学外講演者名は大正13年度『事業報告書』から記載があり、昭和11年度まで（欠号を除くと実質10年半）に講演者数は87名が記載されていた。中には当時からの関係で戦後愛知大学の初代学長となられた慶應義塾の塾長林毅陸教授の訪問記録（連盟協会学生支部設立のため）もあり、大正14年以来のご縁であった事が分かった（後に講演もしていた）。このように書院は毎年学外から様々な方面で活躍されている各界の代表的人物を招聘し講演会を開催していた。彼らの多くは、上海を訪問したついでに依頼されて講演が実現していた。

例えば、柔道家であり日本のオリンピック初参加に尽力した嘉納治五郎、九州帝大の大島直治教授の倫理学講義、京都帝大矢野仁一教授の東洋史、東京帝大の法学者立作太郎教授等、また書院の卒業生で外交官として日中和平に尽力した石射猪太郎・林出賢次郎・法学博士でもある信夫淳平外交官、企業家であり元外交官であった船津辰一郎、改造社社長の山本実彦、ジャーナリストの佐原篤介・加藤直士等、内閣総理大臣になった犬飼毅や玄洋社の頭山満は同文会関係者でもある。書院で学んだ外務省嘱託中山優や孫文の臨終に唯一の日本人として立ち会った山田純三郎、貴族院議員であり元軍人坂西利八郎、同文会理事長であった海軍の津田静枝等、実に多岐にわたる高名な人物が招聘されて講演し、書院の学生達に多大な影響を及ぼした。

外国人も多彩でインド詩聖タゴールが大正13年に来院して、学生達に「India's:Message :to;Young：Japan」と題した講演を行っており、米人連合協会監督ラコック、ハーバード大学のウイルソン教授、ジャーナリストのローリンソン、太平洋問題調査会総理事のカーター等実に時宜を得た人選であった。

中国人の思想家胡適や文学者の魯迅、政治家の殷汝耕等の講義は、多くの学生に感銘を与えた。とりわけ魯迅の講義はなまりが強く難しい内容だったが、当時満州事変の直前で日中関係が緊迫した中で、魯迅は左翼作家連盟の5人の仲間が生き埋めにされて殺された事を述べて悲憤慷慨した…聞いた学生たちはあまりのショックで生涯忘れられない内容であったと述べている[17]。魯迅も書院を信頼していたからこそ、赤裸々に本心を語ったと思われる。また中国人による華語講義は、基本国語で話すよう依頼していたが各地の方言によってかなり聞きづらい面もあったが、これは学生が各地を歩く大旅行の際には役立ったはずであると華語教授の鈴木択郎が述べている。[18]

このように各地から人が集まる上海であったからこそ、内外の一流の人物達から教えを得ることができ書院生は何物にも代えがたい貴重な経験をしていた。（図10）

B. 学外見学者数

大正12年度から昭和11年度の内『事業報告書』の項で行動摘録に記載されていた実質11年の間に235件の団体が訪れ延7,108（個人を含む）人が学内見学に訪れていた。

これほど団体者が多いのは、当時内地から中国に出かける際には、東亜同文書院に立ち寄ることが一つのルートのようになっていたと思われる。学校関係者のみならず政治家も企業家も民間人も僧侶達も女性達も訪問していた。内地の学生は部活等で知り合った書院の学生と昼食を共にし、寄宿舎に宿泊して交流を深めた。時には内地からの訪問者に院長自ら港まで送迎することもあり、対応する教職員も大変であったと思われる。

見学者があまりに多い時には、臨時休講となり、学生まで駆り出されて見学者対応に追われた。支那の地にある教育機関として最大のおもてなしをしていた。それが各府県から選抜した県費生を受け入れている学校の使命のようにも感じられた。支那の事は書院にお任せくださいと言った気概も感じられた。今では考えられない状況であるが、だからこそ、昭和12年11月の焼失時には、再建のための寄付金と寄贈図書が内外各地から驚くほど多く寄せられた理由であろう。（図11）

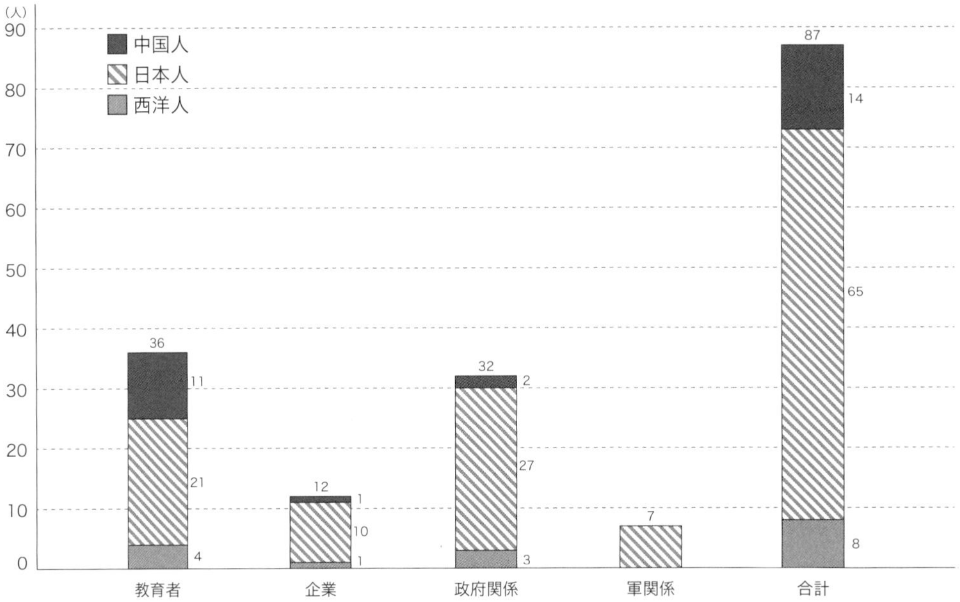

図10　中期の学外講演者数（大正13～昭和11年度）

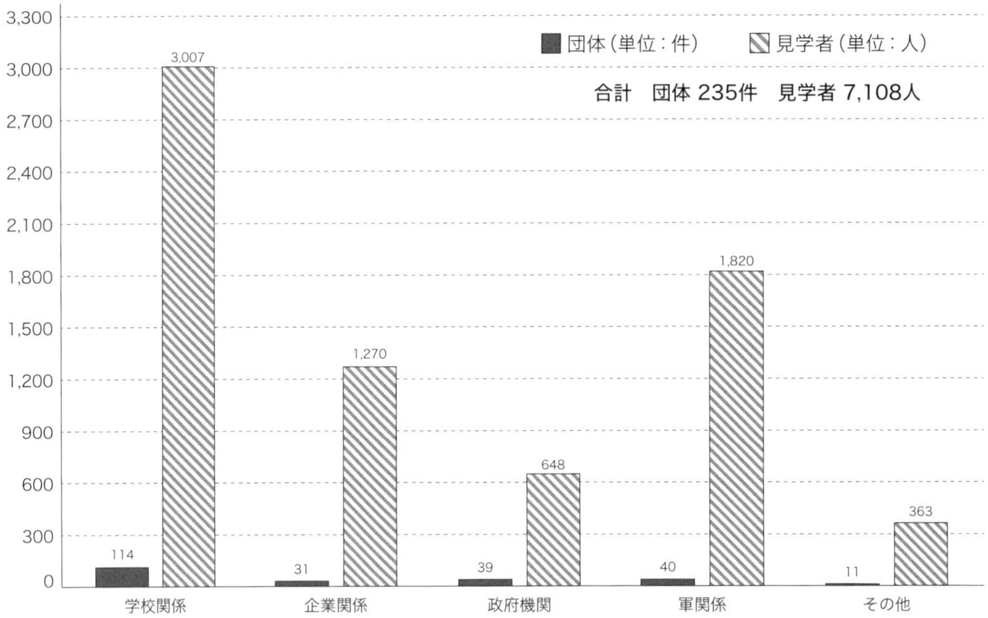

図11　中期の学外からの見学者（大正13～昭和11年度）

Ⅲ 後期（東亜同文書院大学昇格後）の時代

上海・海格路《ハイコーロ》臨時校舎（上海交通大学跡）

昭和13（1938）年4月～昭和20（1945）年8月

上海交通大学跡　海格路《ハイコーロ》臨時校舎

(1) 東亜同文書院大学予算について（昭和13〜20年度）

①昭和13年度の予・決算

昭和13年度の予算書が決まってから、昭和12年7月7日に支那事変が起きたため国庫補助金が減額された。このために予算書を変更する必要がおき、次案として「実行予算案」を提出したが、さらに減額を余儀なくされた。そして再び現地学校のみの「書院・中日学院・江漢中学校更生予算」を提出した。この3回の予算書によって、東亜同文書院の総予算は、516,864.25円から485,620円となり、更生予算では480,900円に減額して申請した。つまり書院の総予算は35,964.25円減額をしている。書院の国庫補助金は234,789.25円から、185,725円となり、175,725円となった（−59,064.25円）。

因みに東亜同文会の予算全体では848,874.9円から681,395円となった（−167,480円）。東亜同文会の国庫補助金は427,131円から277,562円に減額された（−149,569円）。

しかし校舎が焼失し、交通大学跡地に入れたとはいえ虹橋路《ホンチャオロ》校舎のようにはいかず、教室や寝室などに使う薪炭費は前年度の4倍も必要となった。また電気・瓦斯代・水道代も以前の虹橋路《ホンチャオロ》校舎時代より膨らんでしまった。学生の文具印刷費や学用品費・被服費、食費、大旅行費用、医局費までも前年度以上の費用が掛かってしまった。加えて書院仕様とする教室等の営繕費や補修費等必要となった。

海格路《ハイコーロ》臨時校舎

結果、昭和13年度の書院の決算額は、経常費は523,777.97円であり、図書費は8,564.53円だった。経常費としては、ほぼ昭和11年度並みの決算額であった。ほとんどの図書が焼失したにもかかわらず書院として特別予算を組んでいない。代わりに全国からの寄付金と寄贈図書で別途蔵書の蒐集に力を入れていた。

13年度の臨時費として、事変費50,336.29円が避難のための旅費等に支払われた。また上海復帰費として209,979.39円（旧上海交通大学の整備・移転費等）の支出があったが、この内15万円が国庫補助金として交付された。結果、昭和13年度の書院決算総額は795,551.07円となり、国庫補助金は、経常費195,891円＋臨時費150,000円合計345,891円であった。

②昭和14年度以降は予算書で（資料2参照）

昭和14年度以降18年度に至る5か年間の決算書は現在のところ全く見つかっていない。わずかに予算書が昭和14年度と15年度、16年度は同文会全体の予算書はなく書院だけの予算資料が見つかったが、書院が大学に昇格した節目の時期に決算書が見当たらないのは本当に残念でならない。今後も調査に努める予定だが、今は予算書を手掛かりとする。

昭和14年度東亜同文会全体の予算は、経常費980,722.30円+臨時費284,000円、合計1,264,722.30円を計上している。この内国庫補助金は、経常費530,458円+臨時費284,000円で合計814,458円である。全体予算の64%を国庫補助金でまかなう予定であった。

書院の経常費は、711,403円+臨時費は284,000円=995,403円の内、経常費国庫補助金367,263円+臨時費国庫補助金284,000円=651,263円（予算の65%が国庫補助金でまかなわれる）の予定であった。経常費国庫補助金は前年度の1.87倍で、教職員の増員及び大学昇格整備費に伴う費用増とされている。また臨時費補助金は、全て大学昇格のための校舎の増改築費となっている（予算書であるが、国庫補助金額は、予算書作成段階で興亜院及び外務省の認可を得ているはずである）。

14年度の図書費額は、13年度の予算9,637円から一気に増額して60,015円の予算額が組まれていた。実に6.2倍以上の額が予算化された。やっと大学図書館として相応しい図書費が経常費の中に組み込まれたことになる。

また昭和14年4月時点で東亜同文会特別委員会は、東亜同文書院図書館復興寄付金が191,000円に達した旨報告した。そして同年12月には目標の30万円を越えた。

昭和14年以降外務省外交文書として東亜同文書院大学の決算書が保管されていなかった主な理由は、それまで外務省管轄下であった東亜同文書院が興亜院[19]の管轄に変わったことが大きな原因ではないかと推測される。当初はかなりの混乱を起こした。

昭和13年11月の時点で興亜院に移管すべきものとして支那限地の諸学校（ただし東亜同文書院を除く）と記載されていたが、昭和14年4月18日の東亜同文書院に関する事務処理要綱では、下記のように記されている。

1. 東亜同文書院経費予算は、東亜同文会より興亜院及び外務省に提出し、興亜院は外務省と協議の上査定する
2. 東亜同文書院経費は、東亜同文会経費の一部として興亜院より東亜同文会に公布する事　興亜院の東亜同文会に対する命令書に東亜同文書院の経営に関しては,外務大臣の指揮監督を受けるべきものなる旨明示する事
3. 東亜同文書院経費使途に関しては外務省においてこれを監督する

昭和14年5月の段階で東亜同文会は東亜同文書院を除く事務を興亜院に移管するとの通達があったが、同年6月には興亜院から交付金の指令書が東亜同文会に届き、その中には東亜同文書院の経常費も含まれていた。

その後上海領事より外務省宛てに「東亜同文書院に関しては従来通り外務省に残されたと心得ていたが、事務一般については外務省の監督を受けるが、助成金乃至経理につい

ては興亜院に移管されたと興亜院華中連絡部及び同文書院側の見解であったが、外務省の見解はどうか?」との問い合わせがあった。

東亜同文会としては、東亜同文書院の決算赤字等を本部で補填したり他から融通したりしていただけにこれを切り離すことは困難であったはずである。実態をあまりに知らない人がご都合主義で考えたことかと思われたが、支那に進出せんとする興亜院が外務省と支那における実権を巡るバトルがあったと考えると納得できた。

東亜同文書院の大学昇格案の審議の際に、外務省・文部省・興亜院3官庁の審議を経て決定していたが、その時外務省から興亜院に所管を移すよう申し入れをしている。
かくしてその後の東亜同文会では、予算申請書等は、興亜院と外務省を併記して申請していた。

昭和16年3月4日外務省から正式に対支文化事業に関する事業を興亜院に移管し東亜同文書院大学及び東亜同文書院に関する事務も興亜院に移管することとなったとの公文書が発令される。さらに昭和17年11月興亜院は大東亜省となり廃止になってしまった。

こうした複雑な経緯が、昭和14年から18年に至る決算書等の資料保存に影響し、外務省外交文書として残らなかった理由ではないかと推測される。また戦局が予断を許さない状況にあり、輸送上の事故等があった事も考えられる。

一方昭和13年4月に上海交通大学跡地に校舎を借用した東亜同文書院は、翌年の大学昇格を目指し奮闘する。同年8月23日に日高総領事より宇垣外務大臣宛てに下記の文書が送られる。

1. 書院の大学昇格は経費等の関係で早急の実現が困難であれば、現在の商科だけでも昇格させてほしい。
2. 内容の充実は、充分検討が大切であるが、大学昇格が単に形式のみにならないよう戒めたい。
   ①図書館その他教授並びに学生の研究設備の充実
   ②有力な教授の招聘等充分手配させること
   ③書院の昇格は支那において唯一の大学であるので、ただ大学令を基礎とする画一的弊害に陥ることのない学科の配合等に関し充分検討する事…云々

昭和15年度東亜同文会の経常部予算は、大規模な新規事業及び拡充計画に溢れている。①東亜同文書院拡充費(学生定員800名、修業年5か年か)、②教育学院の新設(日本人用)、③女子学院新設(支那人用)、④文化普及部新設(支那人用)、⑤その他既設学校(中日学院・江漢中学校)の拡充　合計1,555,924.30 の経常部予算となっていて、国庫補助金額は1,104,094円で申請している。

また同文会の臨時部予算は、①東亜同文書院の再建と拡充1,433,715円、②教育学院510,000円、③中日学院352,410円、④江漢中学校30,000円、⑤女子学院372,030円、⑥

調査編纂部（拡充）44,500円、⑦支那省別全誌45,000円、合計2,787,655円となっていて、予算額に対して99.26％を占める2,766,955円が補助金申請となっている。

一方東亜同文書院の経常部総額は915,100円で、国庫補助金額は549,000円であった。臨時部は、東亜同文書院の再建と拡充費として、1,433,715円で全額補助金申請となっている。従って、昭和15年度の東亜同文書院の総予算は、2,348,815円であり、国庫補助金額は1,982,715円（84%）となっている。

従来の予算書であれば、この時点で国庫補助金額は決定していたと考えられるが、決算書が不明のため確認ができないので、その後の新規事業がどう展開したのか他の資料から推察する。

まず日本人のための教育学院と支那人のための女子学院の設立構想は、昭和19年の決算書に記載が全くないし、『東亜同文会史』にも記載がないので計画を断念したものと考えられる。

昭和16年度は、残念ながら東亜同文書院大学のみの予算書である。経常費予算は1,258,549円で、国庫補助金は713,049円（57%）である。臨時費は前年度同額の書院再建敷地購入費が1,200,000円、拡充費が266,096円となっている。

ここで注目すべきは、書院再建敷地購入費と拡充費の臨時費である。実は昭和15年度予算においても同様に申請していたが、15年度には一度に多くの学校新設や拡張案が出されていて、その中にうずもれてしまい見落としてしまっていた。2年続けて再建費を申請した訳は、以下の理由であった。

昭和14年7月13日、東亜同文会特別理事会が開催され大内院長が、以下のように発言した。「書院は既に旧交通大学跡に開校しているが、一時的な処置で本院の精神と使命に鑑み、これを永く占有することはできない。必ず近い将来において新しい土地を得て移転すべきである。この趣旨に基き別紙願書を興亜院並びに外務省に提出すべき詮議をはじめてください…」。結果一同がこれを承認し同文会会長近衛文麿名で「願書」興亜院総裁・外務大臣宛てに提出する事とした。

戦争の只中にあって大内院長は、人として、教育者としての矜持を感じさせる人物であると感銘を覚えた。さすが大内暢三は近衛篤麿に見込まれただけの人物である。若干25歳で篤麿の秘書として、明治32年4月天皇の内意を受け欧米外遊に派遣される篤麿に同行し各国を訪問（国賓待遇であった）した。その帰路に上海に立ち寄り、中国の実力者（劉坤一や張之洞）達の合意を得て南京同文書院が誕生したのである。外遊期間8か月間、大内は篤麿から様々な影響を受けたに相違ない、成るべくして東亜同文書院長となった大内は最も篤麿に感化された同志の一人であったに相違ない。書院精神は脈々と受け継がれ健在である事を知ることができた。

昭和16年度の予算書に国庫補助金額も明記されていたということは、興亜院・外務省共認可したはずである。書院の移転願いがどこでどのように計画変更あるいは却下となったのか分からないが、昭和15年以降外務省から興亜院へと管轄が変更されたことによる弊害だったのか？興亜院になった事により国庫補助金の支給率は向上したように思われたが、実際の決算書がないと断定ができない。いずれにせよ、戦争が長引くにつれ書院の主体性は失われていったように思われる。戦時下では国策が優先し書院の独自選択の余地はなかったかもしれないが、これは東亜同文会にとっても東亜同文書院にとっても影響が大きかったと思われる。せっかく国庫補助金を獲得し上海交通大学跡地から別の地に移転し、新しい書院建設の実現を計画していたのに現状維持を余儀なくされたことは、相当残念で悔しかったのではなかったかと推察される。

昭和17・18年度は予算書・決算書いずれも見当たらない。

昭和18年12月、華中煙草組合より書院に400万円の寄付があった。これについて東亜同文会及び書院で熟考した結果、300万円を中国国民政府に文化資金として寄贈することとし、南京にて手続を終了したとの記事を目にした。戦時下で戦争の相手国に対しこうした発想を持てた同文会や書院の考え方に感激した。上海の地で学ばせてもらっている感謝の気持ちがあったからに相違ない。

③昭和19年度以降の決算書

昭和19年度の東亜同文会の決算書は、経常部は、①本部費、②東亜同文書院大学費、③東亜同文書院大学専門部、④北京工業専門学校費、⑤北京経済専門学校費、⑥中日学院費、⑦江漢中学費に分かれ、経常部総額7,417,631.66円の予算に対し、決算額は7,403,191.42円となり、国庫補助金は6,460,910円で予算の87%を占めている。

臨時部は総予算2,220,314.6円で国庫補助金は1,084,000円で補助金率は48%であり、決算額は2,190,399.67円である。

従って昭和19年度の東亜同文会の総予算は、合計額9,637,946.26円となり、総決算額は9,593,591.09円となり非常に大きな予・決算となった。

東亜同文書院大学の予算は、経常費予算は4,237,666.2円（内大学が3,273,265.07円、専門部が964,401.20円）経常費執行額が4,236,304.72（内大学が3,271,945.44、専門部964,359.28）円となっている。国庫補助金は3,692.113円で経常費予算の87%を占めている。昭和19年度は決算書において、支出項目の詳細が一切記載されていないため図書費にどの位支出したのか不明である。

また東亜同文書院大学の臨時部の総予算は565,906.57円で国庫補助金は250,000円で44%を占めており、執行額は566,306.57円だった。

昭和19年度予算書には、東亜同文書院大学に附属専門部が設置されており、他に北京工業専門学校と北京経済専門学校が設置されていたことが判明した。これは昭和15年に計画されていた教育学院と女子学院の設立の代替えだったかもしれない。

昭和20年度の東亜同文会総予算額は13,358,774円となっていて、初めて1千万円を超え大きな予算となった。この内国庫補助金額は6,627,119円で49.6%であった。

東亜同文書院大学の経常費予算額は5,114,986円の内、補助金は3,389,146円で66%を占めていた。臨時部の予算は4,161,070円で、すべて北京工業専門学校の費用となっていた。

昭和20年8月15日に敗戦となり、初の1千万円を突破した東亜同文会の予算は、幻となった。国庫補助金も使用しなかった部分は当然返上となった。

昭和20年度途中で閉校となったが、最後に東亜同文会が提出した昭和20年度収支現計表（昭和21年2月）がある。

最終段階の決算報告であるが、東亜同文会の決算額は3,171,236.73円の内、東亜同文書院大学は、1,292,052.30円、同大学専門部は111,202.90円、合計1,403,255.20円の執行額であった。国庫補助金は847,288円であった。

前年度同様この決算書には支出項目の詳細は記載されていないため、図書費等詳細は不明となっている。（図12）

またこの決算書には、突然新しい学校「東亜工業学院」の決算額が記載されていて、新たに同文会が設立した学校かと思われたが、これは中国人学生を収容する英国系学校レスター工業学院が、大東亜戦争と同時に皇軍に接収され本会に移管されたもので、東亜工業学院と改称し従来通り中国人のみを収容している学校である事が判明した。

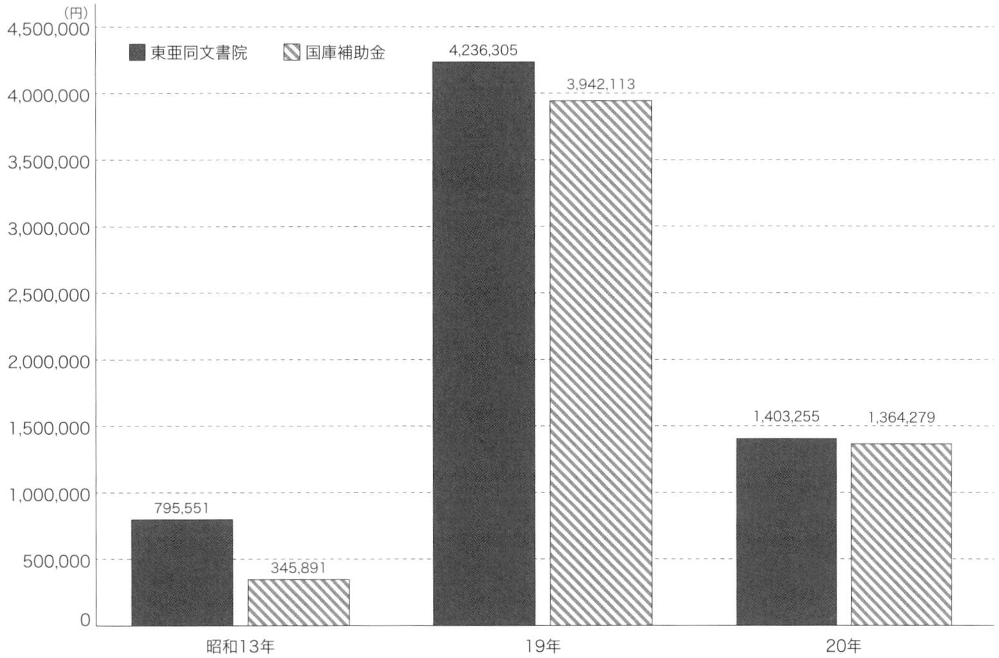

図12　後期の書院決算額に対する補助金

(2) 図書費について（昭和13〜昭和20年度）

昭和13年度に8,565円の図書費の執行があったが、昭和14年度から20年度に至る決算書が不明のため実際の執行額は判明していないが、14年度の予算書では、図書館復興のための図書費として60,015円が計上されている。また大学設立申請書の書類では昭和14年度から5か年計画として、毎年60,015円の図書費が計上されていた。

しかし実態はどうであったのか。次項の蔵書数の項でも関係するが、昭和14年度以降の図書費については、次のように試算してみた。まず購入図書と寄贈図書数が判明している昭和7年度以降の購入冊数と図書費支出額に注目した。和書・漢書・洋書の種別支出額は判明しないため全て含んだ購入図書冊数を計算すると昭和7年度以降昭和13年度までの購入図書数は13,238冊、購入金額は38,351円であることが分かったので、1冊当たり約2.897円の単価であることが判明した。そして購入図書冊数が判明している昭和14年度以降の予想図書費を作成してみた。(図13)

（資料9-3参照）

昭和14年度の購入冊数は22,187冊×単価2.897＝64,276円、15年度も同様に計算すると31,714冊×単価＝91,875円、16年度20,217冊なので58,569円、17年度は5,113冊なので14,812円、18年度は3,537冊なので10,247円と予測された。これにより仮想ではあるが、おおよその購入図書冊数に見合った図書費額が判明したのではないかと思われる。特に洋書の増加は昭和14年度から16年度の3ヶ年でほぼ6,000冊近く購入しており、これま

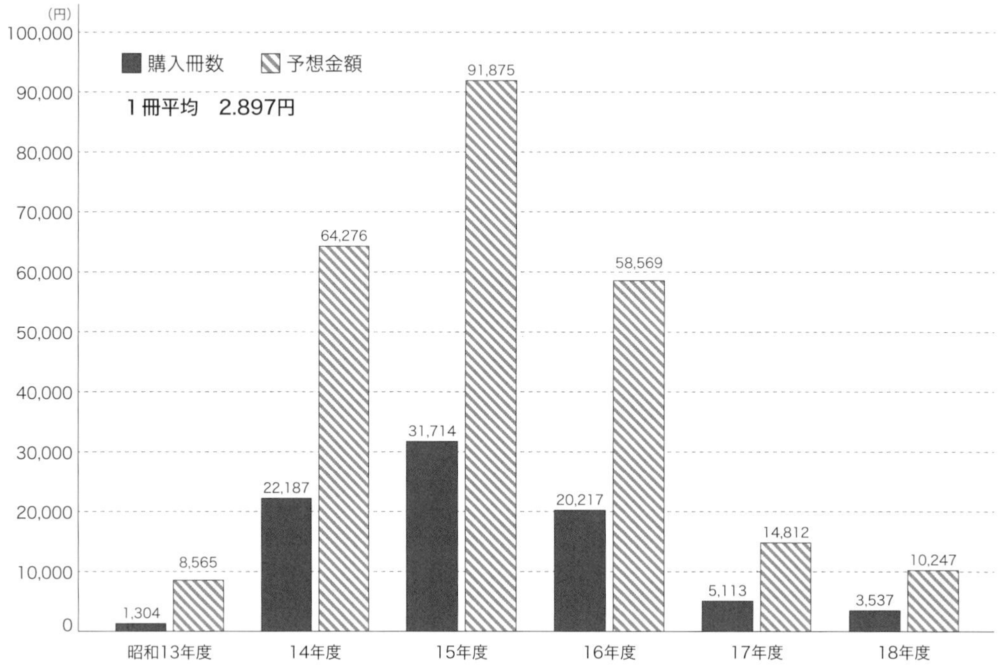

図 13　昭和 14 年度以降購入図書数と予想図書費額

で高額で入手できなかった図書も購入できたものと考えられる。購入図書には、いわゆる図書館復興のため全国から集まった寄付金での購入も含まれていると考えられる。

（3）図書館について（昭和13～昭和20年度）

①図書館全般

昭和13年4月17日、上海交通大学跡に開院式を行った。図書館跡には、本など何も残っていなく鋼製の書架のみ残されていた。目下その復興すべき東京本部と協力して各方面から寄付金募集や本などの寄贈を受付けている。しかしこの図書館はわずかに15・6万冊の容量にすぎず、また位置的にも校舎、寄宿舎、職員の研究室から遠く不便であるので、この際大々的な資金を得て大図書館を建築したい希望がある（大内院長）。

同年5月10日図書館を開館したが、整理済図書はわずかなためしばらく学生の館外帯出は行わず、教員のみ許可した。雑誌は閲覧室に余地なく公開できないので、出納とした。休日も午前9時より夕食まで閲覧室を開き雑誌のみ閲覧可とした。

図書館のオープンに先立って懸案事項を解消するため下記を決定した。

A：分類法及び目録規則の制定

旧来の本館分類法は綱目を羅列したもので非常に不便であったので、新たに日本十進分類法を採用し、本館独自に若干手を加えて使用することとした。また新たに著者名主記入とする目録規則を制定した。

B：目録カード印刷

従来各種カードは邦文・欧文タイプライターで印字してきたが、図書1枚につき最低7枚、多くは10数枚を要し、これを一々印字することは多大な労力・時間を要したので、和漢書は手書き、洋書はタイプライター印字の上、謄写版印刷で必要枚数を複写して事務の効率化をした。

昭和13年5月早々に本年度図書委員を教授から6名選出した。

昭和14年4月に新入生は大学予科1期生として授業を開始した（正式には同年12月に東亜同文書院大学に昇格）。これと共に内容の充実整備に努め、規律の粛清、学生の体位向上を計った。

4月復興図書の購入に関する調査委員（6名の教授）を委嘱し、図書館主任を補佐した。まず全国の各書店より図書目録数部寄贈を求め、1部は事務室内の目録陳列棚に並べ、他は各教授に回覧し図書の選択購入をした。そして直接上海及び日本各地の書店より購入すると共に東亜同文会に委託して大量の図書購入をしている。

これらの図書増加に対処するため、図書館職員は4名（鵜鷹幸蔵・多賀義憲・高橋義雄・西松重躬）に増員された。この内、鵜鷹・多賀・高橋は司書として、西松は書記として図書館配属になった。

昭和15年学生図書委員6名を委嘱し事務の充実に当たらした。『図書館報』第3号、『洋書目録』第2輯、『和書目録』第4輯を発行した。

全蔵書を失って3年、各方面の援助を得つつ、あるいは復興資金で多量の購入をして図書の復興に腐心した結果、15年度末には蔵書数では災害前に近づいており、質においても甚だしく劣っていない。利用者は漸増の傾向にあり本館機能の発揚に努めている。しかし蔵書の大半を占めている漢籍及び研究資料である新聞・雑誌は、いまだ一般学生の閲覧に供するに至っていない。また和・洋書においてもカード目録の不備等改善すべき点が少なくない。速やかにこの整理を行い、図書の一層の充実を計る必要がある。

昭和16年図書館職員として書記兼司書として3人（鵜鷹・高橋・石川正衛）及び司書として田端宣貞[20]の計4名が委嘱された。

昭和17年度、上半期に司書職採用の田端が依願退職し、書記兼司書の3名となった。また図書館長として手塚寿郎教授（統計学）が委嘱された。

昭和18年、東亜同文書院大学附属専門部が設立された。一方戦況はかなり悪化、自然と青年学徒の奮起を促し学業を一時中止し、身を国難に捧げんと陸海軍を志願する者が続出した。

図書館事務の出納係に専任雇員を雇った。これにより司書２名高橋義雄・谷山高美[21]と書記北村房子の３名となった。

表2　昭和18年度　学生の入営者数

昭和19年3月末学生数	学部生				予科生		
	3学年	2学年	1学年	小計	2学年	1学年	合計
在籍者	163	152	194	509	169	144	822
入営	145	125	105	375	7	14	396
在学者	11	15	67	93	158	105	356
在籍者に対して入営の割合	89%	82%	54%	74%	4%	10%	48%

附属専門部	2学年	1学年	合計
在籍者	132	165	297
入営	4	17	21
在学者	121	131	252
在籍者に対して入営の割合	3%	10%	7%

昭和19年3月末時点で学部生は、在籍者1～3学年で509名いるが、その内375名が入営（応召）していて、この割合が3学年では89%、2学年で82%、1学年で54%、学部生全体で74%と際立って高くなっている。これではもはや学部として機能が働かなくなったと思われる。

国内では学徒出陣で大勢の学生が戦地に送られており、18年10月には書院の学生徴兵猶予の特典も停止された。彼らの幾人が無事帰国できたのであろうか？

昭和19年度の新入生達は、従来であれば一旦東京に集合して東亜同文会長の招見式を行い、教職員が引率して各地を見学しながら渡航していたが、本年は交通も宿舎も困難なため、新入生は、各自長崎に集結しその後無事渡航できた。専門部新入生（138名）は4月26日、大学予科新入生（93名）は5月8日に入学式を行った。

同年9月10日、学部生の第2回卒業式を挙行した。現学生10名と昨年11月に仮卒業証書を授与した学生127名の計137名である。一方で学内にいる学生は、学徒勤労動員に出動しており勉学の環境は一層厳しくなっていった。

昭和20年度の新入生は、第一次試験の筆記は廃止し、戦時下に即応した方法を採用して、280名（ただし北京工専・北京経専を含む）の学生を採用したが、渡航不可能となり、7月25日富山県呉羽で教育と勤労動員を行った。これに14名の指導教職員が参加したが、8月15日の終戦で一旦解散となった。その後再び呉羽で授業を開始したところ、291名の学生と28名の教職員が加わり10月15日開校式を行った。翌月11月15日まで続いたが、この方面は冬に向かい学生が気候に慣れず病気に罹るものが続出。さらに食糧の調達が非常に難しく、臨時休校やむなしとした。

昭和20年12月15日、東亜同文会会館が連合軍により接収され、翌21年1月31日、東亜同文書院大学の母体である東亜同文会が解散となった。

②図書館規則の制定

これまで図書館の利用規則については、「書院章程」の中にほんの数行書かれていただけだった。明治38年の章程に学生は館外貸出禁止と書かれていて、明治43年、大正2年も文庫規則は従来通りとなっていた。その後の章程も調査したが、図書館関係の記載がなかった。大正12年の図書館が出来た頃に図書館規則も整備されたと思われる。その際に「章程」から独立した規則となったのではないかと考えられるが、昭和14年4月改正「図書館規則」は、『崑崙』1（1）p. 82-に記載されていた。これは改正と記されており、『事業報告書』に昭和4年時には洋書の館外貸出を1ヶ月としたとの記載があるので、もっと古い図書館規則が存在するはずであるが、今は昭和14年の「図書館規則」の概要を記した。（資料7参照）

この図書館規則は第1条から第19条から成り、さらに末尾に館内閲覧心得が記されている。

第 一 条：書院図書館は図書の蒐集管理及び閲覧に関する事務を処理する

第 二 条：本館の管理する図書を分けると次の三種とする

第 一 種：特種図書（貴重図書禁止本等）

第 二 種：普通図書

第 三 種：新聞雑誌定期刊行物

第 三 条：第一種図書は本院教職員及び図書館主任の許可を得た者に限り閲覧できる

第 四 条：第二種図書第三種図書は教職員学生生徒及び図書館主任の許可を得た者に限り閲覧できる

第 五 条：図書の出納は本館係員がこれを行う

第 六 条：教職員及び主任の許可を得た者は書庫内で図書を検索できる

第 七 条：図書の閲覧は閲覧室にて行うものとする

第 八 条：開閉時間は平日：午前８時より午後10時迄、ただし土曜日は午後９時迄

日曜・祝祭日：午前９時から夕食時迄

夏季休暇中：午前８時から正午迄

冬季休暇中：午前８時から夕食時迄　ただし時宜により変更あり

第 九 条：図書閲覧者は館内に掲げる閲覧者心得を遵守すべし

第 十 条：本院学生生徒は館外帯出日に図書閲覧券を係員に提出し図書を館外に帯出できる。帯出冊数は３冊以内、次の帯出日までとする。ただし次の帯出日が祝祭日の時には延長できる

第十一条：学生生徒の館外帯出日は別にこれを定める

第十二条：図書閲覧券は毎学年度初めに学生に交付する

図書閲覧券は他人に貸与してはならない

図書閲覧券を紛失した時は遅滞なく本館に届け出るべき

第十三条：閲覧図書冊数は洋装本で定め、和漢装は５冊で洋装１冊とする

第十四条：教職員の館外帯出は一人20冊60日を限度とする。ただし当該図書に閲覧希望者が競合した場合には、図書館主任は１週間以内に返納を求めることあり

第十五条：第一種図書：辞書類・統計類・新着定期刊行物・その他本館に不断に備付を必要と認める図書は館外帯出できない

第十六条：帯出中の図書を携帯旅行する場合には図書館主任の許可を得ること

第十七条：帯出図書を他人に転貸することはできない

第十八条：図書を破損汚染又は紛失した場合には相当の賠償をすること

第十九条：本規定に違反した者は爾後図書の閲覧を許可しないことがある

館内閲覧心得についてはここでは省略したが、資料を見ると一項目に服装を整えるべしと記されている。愛知大学図書館においても創立当初は、下駄ばきの学生が多くカランコロンと鳴らして歩くのがうるさいとの苦情が出て、図書館では下駄ばき禁止としたところ、入口で下駄を脱いで、はだしの学生達が館内をうろついていたとの逸話が残っている。今思えば不思議な光景だったであろう。

この規則の存在によって学生達は規則に従って館外貸出もできたことが明確となり、やっと喉の痞えが取れた気がした。

③蔵書の変化（資料9-3参照）

昭和12年11月の支那事変時に上海自然科学研究所に避難させた貴重図書309冊をベースに、普通図書475冊を加え全784冊の蔵書から再スタートした。全国各文化団体及び出版各社に図書の寄贈依頼をしたところ、各方面より続々寄贈が寄せられた。

昭和13年度の蔵書状態は、購入図書1,304冊（和書812、漢書 39、洋書453）、寄贈図書12,106冊（和書6,280、漢書4,543、洋書1,283）合計13,410冊が増加し、蔵書数は18,294冊となった。この年は購入冊数の9倍以上の図書が寄贈され、国内外の書店や研究機関・企業・個人からも多数有益な図書の寄贈があった。

昭和14年度の購入図書は、22,187冊（和書4,712、漢書15,540、洋書1,935）、 寄贈図書7,542冊（和書1,376冊、漢書5,932冊、洋書234冊）増加冊数は、29,727冊で蔵書は48,023冊となり一気に3万冊が増加した。寄付金も選書の体制も整ったために14年度は購入図書が急増した。

この他に上海居留民団委託図書が、和書1,807冊、漢書16,891冊、洋書2,965冊、合計21,663冊が図書館に寄せられたが、蔵書としては含まれていない。

昭和15年度購入図書は、31,714冊（和書3,554冊、漢書26,280冊、洋書1,880冊）で、寄贈図書は合計で1,022冊（和書766冊、漢書108冊、洋書148冊）で合計32,736冊増加していて、蔵書数は80,759冊となった。また寄贈図書は前年度に比してかなり落ち着いた。

昭和16年、国際情勢は急激に緊迫化したため、全校編隊の組織を作り臨時警備隊として学生課職員指導下、学生が正門の警備を行い万一に備えた。

16年度の購入図書は20,217冊（和書2,390冊、漢書15,722冊、洋書2,105冊）、寄贈図書は410冊（和書216冊、漢書15冊、洋書179冊）合計20,627冊が増加した。蔵書は101,386冊となり、初めて10万冊を超え、過去最高の蔵書数となった。

17年度の購入図書は、5,113冊（和書2,800冊、漢書1,100冊、洋書1,213冊）で、寄贈図書は3,643冊（和書1,621冊、漢書1,995冊、洋書27冊）で合計8,756冊増加した。蔵書は111,122冊。

18年度の購入冊数は3,537冊（和書1,589冊、漢書1,623冊、洋書325冊）、寄贈は313冊であり、合計3,850冊が増加し、蔵書は114,992冊となった。（図14）

また専門部移転に伴い、図書館合体蔵書編入により相当多数の図書があるが未整理で利用できていない。これら約5万冊以上の図書が蔵書統計に反映できていない。

以上の蔵書構成から見るととりわけ目立つのは漢書の伸びである。貴重図書の漢書198冊を基本に13年度は5,090冊、14年度には前年度の5倍に当たる26,562冊、15年度にはさらに2倍の52,950冊となり、たった3年で焼失前の漢書冊数を越えた。いかに力を入れて漢書の収集にあたったかがよく分かる。16年度の漢書は68,687冊、17年度は72,782冊、18年度は74,423冊となり、図14を見るとどの年度も漢書の増加が突出しており、例えば18年度の蔵書では、和書の2倍、洋書の7倍を漢書が占めている。上海にあり中国語を主眼としているが故に大学図書館としては、かなりいびつな蔵書構成となった。ここに東亜同文書院大学図書館の特徴がある所以であろう。

この他に上海居留民団委託図書（旧東亜攻究会蔵書）が21,663冊（後述）及び杜月笙[22]蔵書（漢書）17,412冊、その他（8,597冊）の図書が図書館に寄せられた。民団委託図書は目録の請求番号通り、ラベルを張り替え利用できる状態としたが、いずれも図書館の蔵書数には反映していない。

昭和19・20年度の蔵書冊数は記録がないため詳細不明であるが、昭和21年9月15日中国側政府機関による大学接収時の図書数は、255,084冊であった事を記しておく（大学史から）。

④購入図書と寄贈図書

わずか4年で過去最多の蔵書冊数となったその理由を考察する。（資料9-4参照）

A. 購入図書について

昭和13年11月、東亜同文会理事会で書院図書館復興の寄付金募集の報告をした。大内院長は、目標額を30万円とし、既に同窓生を中心に関係縁故者の援助を加えて成立した維持金10万円の支出が認められていたが、残り20万円を篤志家から援助を受けるため行動を起こした。外務省・満鉄・三菱経済研究所・正金銀行・上海居留民団・丸善・北九州炭鉱業者・住友本社・鐘淵紡績・伊藤忠商事・大同紡績・丸紅商店・大日本紡績・兼松商店・岩井商店等から図書館復興寄付金を募集し、昭和14年1月現在、既に12万円を超える金額

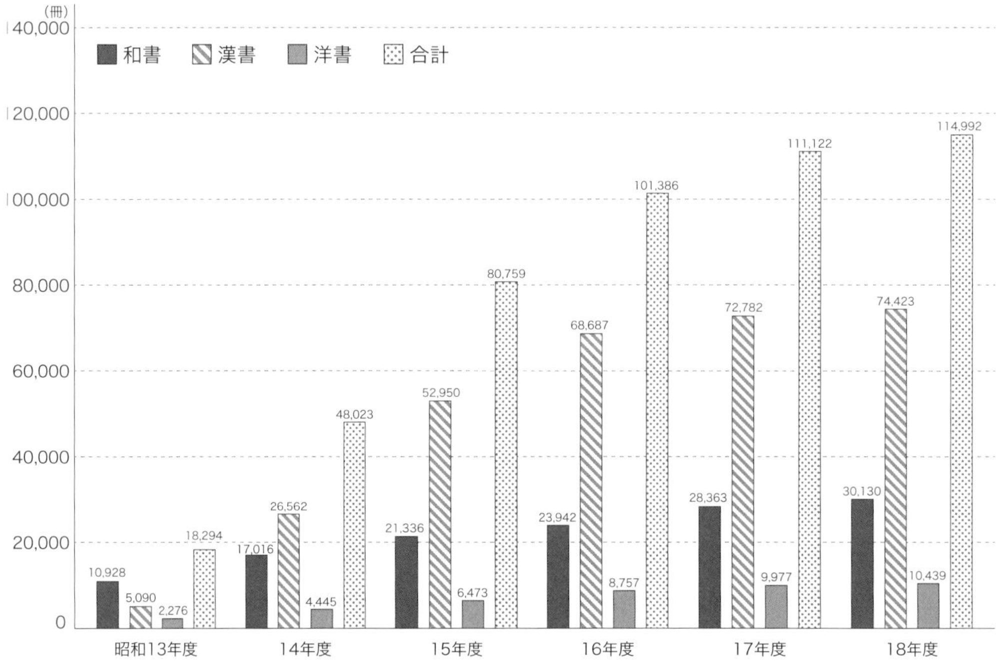

図14　後期における蔵書冊数推移表（昭和13年〜18年度）

が寄せられた。これは院長が牧田主事や書院出身者と共に、各地を巡り熱心に訴えた賜物である。

図書の購入に当たっては、図書館主任を補佐するために教授から6名を調査委員として委嘱し、6名の学生図書館委員を委嘱した。他にも大勢の教員が選書に携わった。また基本図書リストを作成し、これに参考書等追加購入の費用を計上して本部に提出することとした。至急必要な図書は同窓会の維持金から支出することとした。

大まかな分野ごとに邦文・漢書・洋文に分け、金額を割当てた。他に参考図書として辞典・年鑑・百科事典の邦文・洋文に分け、金額を算出した。まず既刊図書は、旧蔵書原簿から必要な図書を選択して、東亜同文会に購入を依頼した。新刊図書は図書目録から各教授会で選書して、国内の図書の調達は東亜同文会に委託した。また辞書などは直接書店で購入も行うこととした。

これに対して東亜同文会の岡部理事長は、本部においても全面的に協力することを約束した。

こうした努力によって焼失前を超えはるかに多くの蔵書冊数となり、質的にも以前と遜色ない蔵書が短期間に形成されていった。昭和14年12月には目標の30万円を越える寄付金が集まっていた。経常費図書費に加えて寄付金と寄贈図書で蔵書が構築されたのである。

B. 寄贈図書について

寄贈図書は書院が焼失後ただちに国内外を問わず各地から寄せられたため、昭和13年・14年をピークに2万冊近い図書が増加した。

特に満州の各図書館（大連図書館・奉天図書館・鉄嶺図書館）、在満有志76名から送られてきたものが多く、また文部省・外務省・東亜経済調査局・横浜正金銀行東京支店・その他根津家を含む多数の個人から寄贈されたものであった。

また学生達は図書館の復興に大いに関心を寄せ、自発的に各自年額3円を捻出して図書を購入しこれを図書館に寄贈した。（図15,16）

⑤閲覧について（昭和13～18年度）

昭和13年以降の『事業報告書』には、閲覧データの記載がほとんどない。代わりに『年報』に記されたり、付録資料の図書館概況に載ったりした。またデータ内容が不統一（学生と教職員が一本化されていたり、館外貸出記録がなかったり）で厄介だったが、自分なりにまとめてみた。（資料6-5参照）

昭和13年度の図書館開館日数は259日で、13年5月10日に海格路《ハイコーロ》仮校舎（上海交通大学跡）で開設した割には多いと思われる。そして焼失後の図書館にもかかわらず利用者数も驚くほど多い。開館当初学生は図書が少ないため館外貸出不可で対応していたはずであるが、何時頃解禁となったのであろうか？　データには学生の館外貸出冊数は3,200冊と記されている。利用できる本が数少ない中、未整理状態で貸出できるような臨時措置でも

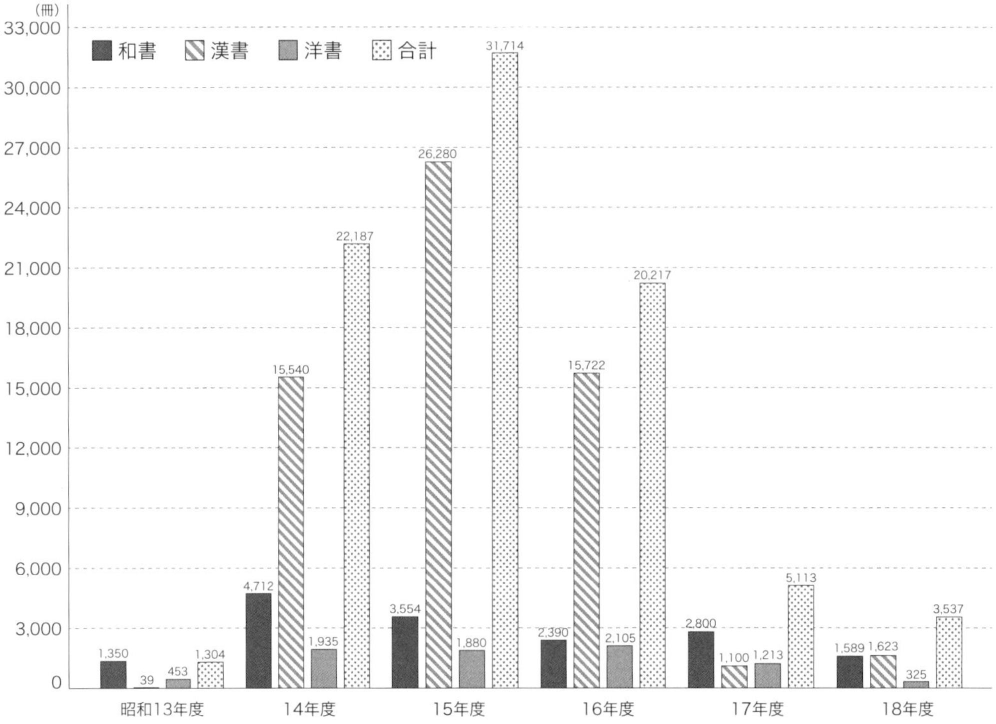

図 15　年度別購入図書冊数（昭和 13 年～ 18 年度）

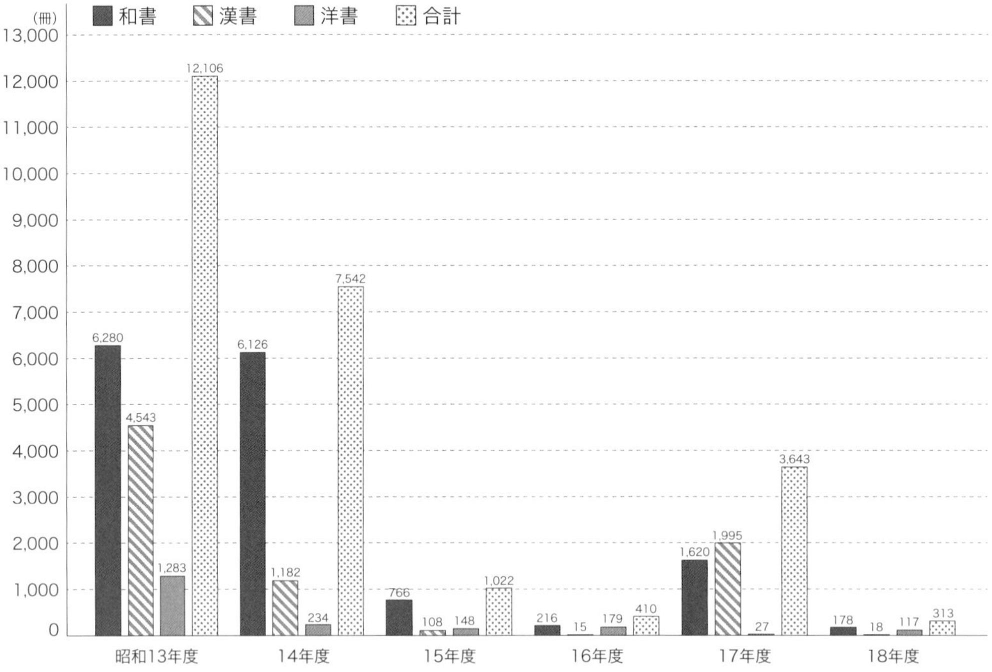

図 16　年度別寄贈図書冊数（昭和 13 年～ 18 年度）

取られたのか？

昭和14年度の開館日は283日、15年度は288日となっている。以降の年度も順当ならば年285〜286日の開館日数であったかと思われるが、昭和16年度以降は、開館日の記載はない。

利用者数と利用冊数及び館外貸出図書冊数は分かる範囲で表にした。（図17）

昭和13年度から17年度まで順当に利用者数・利用冊数が伸びている。7,166人利用者から10,057人となり5年間で1.4倍に増加している、利用冊数は13,972冊から26,979冊に約2倍近く増加している。これに対して、昭和18年度は利用者数が前年度の半分以下となり落ち込みが激しいが、これは学徒出陣による学生数の減少が大きく影響をした。特に学部生の8割の学生（375名）が軍に入営し、残った学部生は病欠も含めて93名となった。また開館時間の減少は半端なく、6月10日から7月31日まで午前中のみ開館し、午後は閉館だった。8月1日から9月30日まで書庫昼間閉館、夜開館となっていた。書庫閉館時は当然帯出事務も停止していた。上海の地が戦闘状況にあり教職員も応召される中、在学生等は勤労奉仕に駆り出されて授業もできない…図書館を開館するどころではない状況に追い込まれていったのである。

⑥学外の訪問者（昭和13〜18年度）（資料8参照）

A. 学外者講演会

昭和13年度以降昭和18年度までに学外から招聘されて書院で講演を行った人数は34

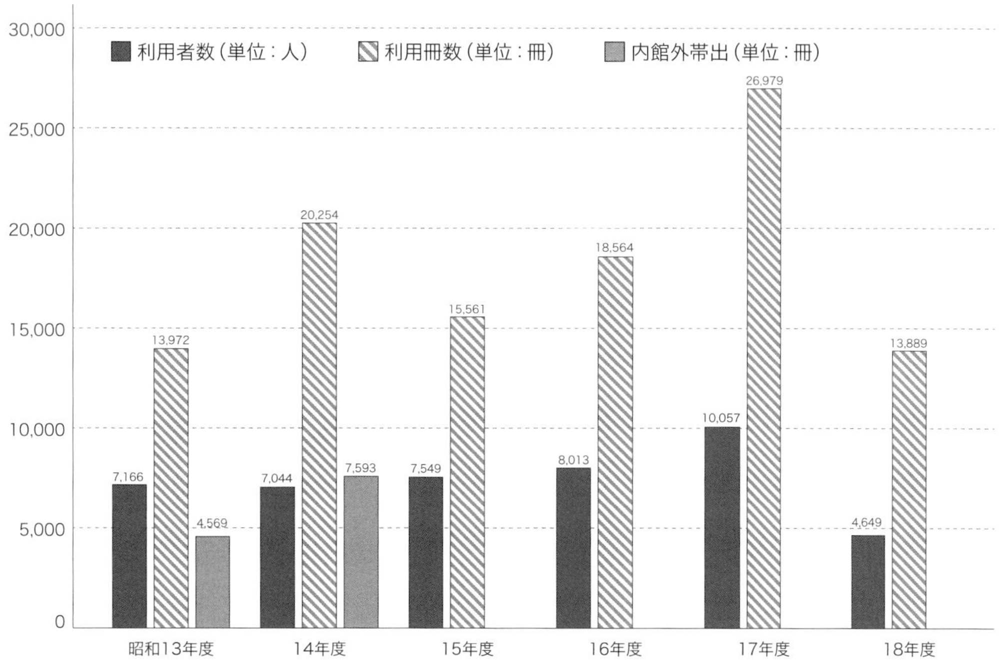

図17　後期における図書館利用状況（昭和13年〜18年度）

名であった。この時期は日中戦争に加え太平洋戦争突入の時期であり戦局が激しくなってきたことを物語っているように講演の大半は日本人であったが、親日派といわれる陳群や陳公博、ドイツ大使館コルト参事官が講演した。日本人では外交官の日高信六郎、東洋外交史専門の植田捷雄東大名誉教授、中期で述べた林毅陸慶応義塾長、東京商科大学学長の高瀬荘太郎教授、同文会理事長の津田静枝や同理事の井上雅二、東大法学博士の田中耕太郎、経済学者の鈴木武雄東大教授、書院卒の外交官であり教育者の清水董三やジャーナリストの神尾茂、さらに山田純三郎の中国改革についての特別講演、荒尾精の信奉者であった興亜同盟副総裁の松井岩根、臨済宗の僧侶である間宮英宗等が講演した。講演者の内訳は、34名中教育者14名、政府関係と軍関係者が夫々7名を占めていた。いずれの方々も多くの業績を残した人々である。

B. 学外見学者数

昭和13年度以降の書院大学の見学者は、中期の時代に比べると極端に減少した。件数は24件、人数は178人であった。内地からの○○教育視察団等はすっかり姿を消し、代わりに興亜院関係、同文会関係者の往来、日本学術振興会、さらに海軍関係者や陸戦隊将校や文部省の督学官等の見学があった。（図18,19）

また昭和17年に、見学者ではないので上記に含まなかったが、軍隊が大学内に宿営するため設営軍隊50名と宿営軍隊の1,100名の記載が目を引いた。昭和15年の時にも軍隊が駐屯した事があったが、この時は上海の治安が悪くなった際に上海警備隊や戦車隊が学内に駐屯して警備してくれたが、租界地の外にあった東亜同文書院大学だからこそ、学生・教職員達を守る必要があったからで、17年の宿営部隊の駐留は、大学内を起点とし戦闘に出発するという実に厳しい深刻な状況に陥っていたのであった。

バンド

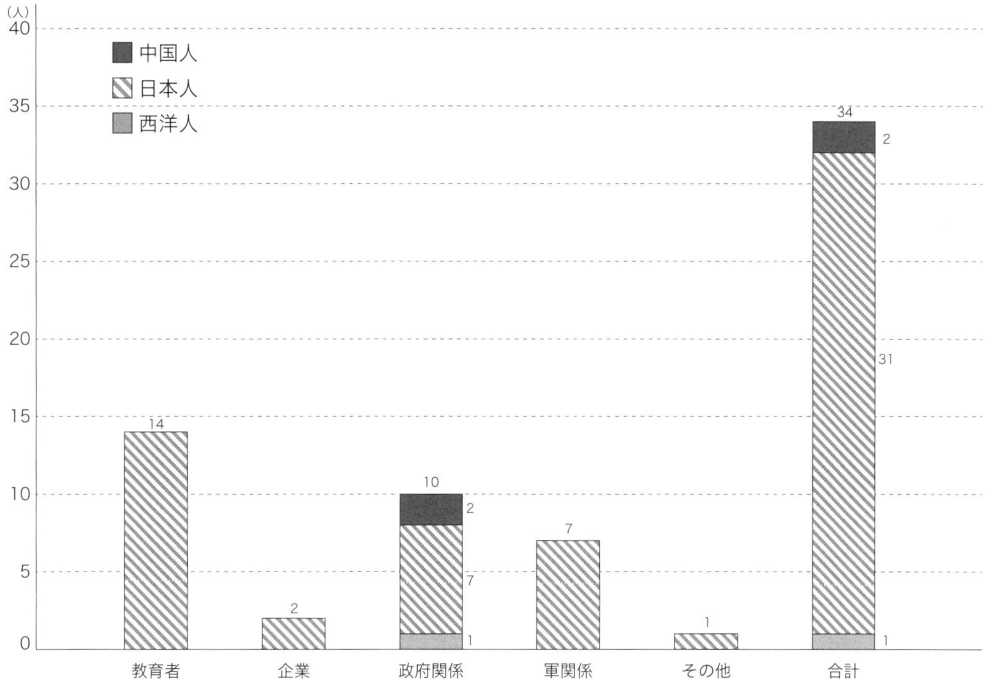

図 18　後期の学外講演者数（昭和 13 ～ 18 年度）

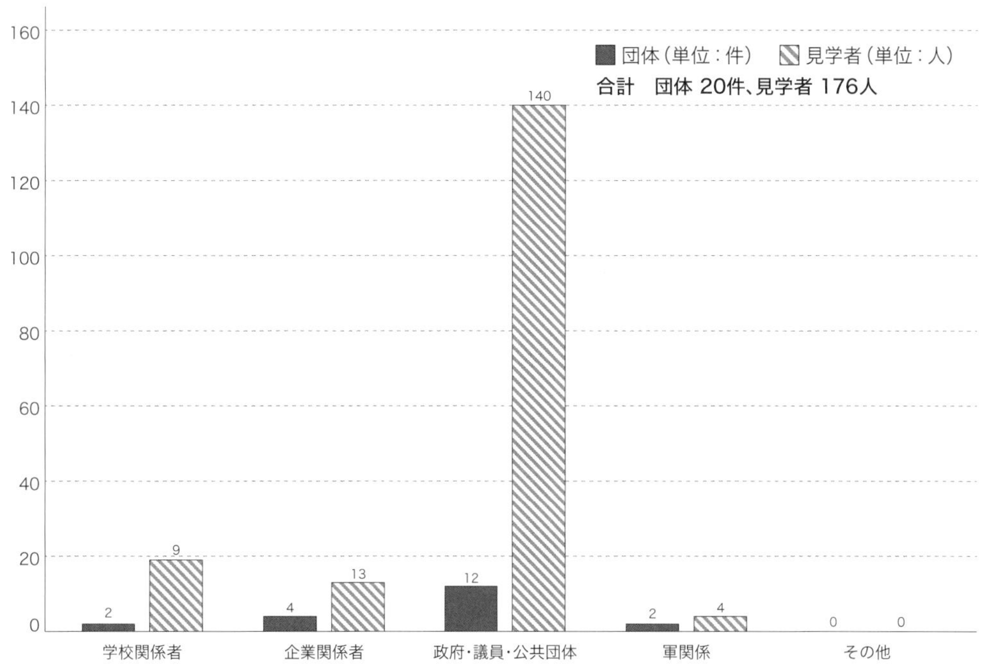

図 19　後期の学外からの見学者（昭和 13 ～昭和 18 年度）

Ⅳ 結果まとめ

東亜同文書院 図書館（虹橋路《ホンチャオロ》校舎）

(1) 初期の時代（明治34～大正2年度）

図書館という名称はまだ生まれてなかった。「文庫」と称し、学生たちが集まる倶楽部の中の一室に文庫があった。

その後の明治43年には文庫が倶楽部から独立して午前6時から午後11時までの長時間開館となった。すべての学生や教員が同じ敷地の中での寄宿舎生活を送っているため、全員が非常に緊密な関係であったと言える。

書院の創立以来一番の悩みは、なんといっても財政難との戦いであった。「近衛篤麿公からの借入金と根津院長の知人からの借入金で何とかやり繰りをしていた」と根津院長が述べているように非常に厳しい財政状況の中で何とかやり繰りが出来たのは、ひとえに近衛公と根津院長のおかげであった。

母体となる同文会は、頼りとするところが他にないためもっと厳しい状態であったかと思われる。近衛公の土地建物を担保に借入金を得、同文会の株などの資産を切り売りし、貯金を使い果たし、寄付金を募って、何とかやり繰りしていた状況であった事がよく分かった。このような状況では図書費の増額は望んでもむなしい絵に描いた餅だったかと思われた。

一方で東亜同文会に交付された国庫補助金額は、書院創立以来13年間、4万円のまま推移した。同文会の総予算が73,458円から237,369円と3.2倍に増加しても国庫補助金は全く変化がなかったことは驚きであった。第2革命乱で校舎が焼失して初めて年度途中に1万円の追加増額がされただけであった。明治33年から大正2年までの期間に同文会が外務省に国庫補助金増額申請をしたのか、申請しても却下となったのか今後の調査に委ねるとする。

(2) 中期の時代（大正6～昭和12年度）

書院の黄金時代と言われるだけあって、図書館関係で目覚ましい発展がみられる。それは独立した図書館が建築されたことによる、内部からつき動かされる若者たちのエネルギーが一気に爆発したように感じた。

大正10年に図書館主任（館長）として若干24歳の植野武雄が着任したことで、それまでなかった1冊1冊の図書に請求記号を与え、書庫からの利用が以前より早くなった事、各種『蔵書目録』を出版した事、図書費増額を確保した事、各種の利用統計を公表した事、内外の図書館と連絡を取り資料の入手等相互に協力しあった事及び上海図書館協会の組織下で14の大学図書館や公共図書館等と連絡を取り合い、相互に図書の閲覧利用を歓迎した事等が挙げられる。今日の図書館業務の基礎を築き上げた植野であった。

昭和4年に図書館専門掲示板を各寮及び教員室に新設し、絶えず図書館との接触を計り、新着図書の解題を行い学生たちに知らしめた事、基本図書939冊を公開図書として毎年更新した事、こうした図書館の新しい企画が続々と実行されていった。

昭和5年に学生図書委員が選出されると学生自ら新入生ガイダンスをおこない、「図書館手引きのしおり」を作成し新入生に配布した。昭和7年学生による雑誌『読書月刊』を発行した。学生が、所蔵する和雑誌の中から『満蒙関係記事件名目録』を作成刊行した事。また夏季休暇中に蔵書点検も学生が行った事。昭和10年『読書月刊』改め『東亜同文書院図書館報』として刊行した事等、実に目覚ましい発展を遂げている。

一方今日の図書館として最も重要な仕事は、レファレンスであるが、こちらは主として「支那研究部」が担っていた。この研究部は教員で構成されており、学内外の学生・研究者からの質問に応じていて、質の高い参考業務を行っていた。また内外の図書館や研究機関と資料交換なども担っていた。支那研究部は、各種の新聞と専門雑誌を中心に収蔵していて、特に中国雑誌の記事索引は早くから作成しており、これを印刷して冊子体として利用者の便を計っていた。

こうしたことが学生図書委員を大いに刺激し自発的に「図書館ガイダンス」や「雑誌」を刊行し「記事索引」の作成等の行動を起こさせたと感じた。また支那貨幣展示会や中国国民党宣伝物の展示会等は、図書館が主体となったり、研究部が主催したりと相互に協力し合い、図書館で開催していた。

このように学生・教職員が一体となって図書館発展のために尽力をしていたことがよく分かる。

しかしながら図書館職員が長期に在職した者が非常に少ないことに愕然とした。初めて図書館主任として採用された植野は、わずかに3年、職員採用から途中で講師兼任となった岡野は7年、司書鵜鷹は唯一長く勤務した司書で（10年勤続の表彰をされた）、昭和6年から昭和17年まで働き12年間図書館に勤務し貢献した。その他図書館職員槲島善次郎は、昭和11年12月31日付けで図書館配属されたが、翌年には占領地区図書文献接収委員会に派遣され、のちに南京国民政府の図書専門委員会に派遣されている。書院には実質数か月の勤務だった。

以降後期の時代に入るが、昭和13年度の業務分担表には、槲島の代わりに司書多賀義憲が配属された。多賀は2年、他に司書高橋は5年、司書石川は3年・田端は昭和16年の下半期のみ名前が記載されている。こうした勤続年数が短い原因については今後の調査によるが、日中戦争から太平洋戦争へと拡大したこの時期であるので、応召や、槲島のように突然都合よく何処かに派遣される様なことが起こったのかもしれない。否、根津院長が言ったように事務職員等は気の毒な程低賃金であった事が最大の理由であろう。

彼らの功績については『事業報告書』には全く記載されていないが、今後はこうした司書達の動向について新たに調査を進めていきたい。

(3) 後期の時代(昭和13〜昭和20年度)

昭和12年7月の支那事変によってすべての建物と10万冊の資料を焼失したが、翌13年4月17日には再び上海の地に立ち、上海交通大学跡地を借用し開院式を行った。

そして復興すべき図書館のため全国から本の寄贈を呼びかけると共に寄付金の呼びかけを書院と同文会が一丸となって行った。特に満鉄附属大連図書館と奉天図書館が全満州に呼びかけ図書蒐集に多大な尽力をしてくれた。これには大正11年〜13年に書院で活躍した図書館主任の植野の力が大きかったに相違ない。(23) 彼は図書館人としてまた研究者としても優れた人物であった。植野は3年で書院を去り帰国し職を得たが、その後再び海を渡り、昭和4年満鉄大連図書館から、昭和5年以降13年間奉天図書館に勤務、館長衛藤利夫の右腕として大活躍をした。昭和19年には満鉄参事となった。

一方書院は満鉄からの派遣生も受け入れており、また満鉄に就職した卒業生も大勢いたため、こうした関係者が積極的に骨を折ってくれたと思われる。結果8,519冊の図書が寄贈された。中には鐵嶺から「大英百科辞書」29冊、元書院教授の故田岡准海(24)の遺蔵書700冊や満州国前宰相故鄭孝胥からの寄贈書も含まれていたと記載されていた。

その他の団体からは、東亜経済調査局(814冊)三菱経済研究所(1,446冊)丸善株式会社(507冊)等があり、主な個人からの寄贈図書として故根津先生遺書(757冊)、林出賢次郎(206冊)等書院関係者多数から寄せられた。

このように内外から続々と図書が寄付されたが、上海居留民団から委託図書として寄せられた「旧東亜攻究会蔵書」(21,663冊)は、約20余年前大谷光瑞伯等(25)により設けられた学術研究会で東亜に関する文献を募集して学者の利用の便にしていたが、近年その蔵書を民団に寄付し、今次事変後書院に寄託されたのである。内容は、漢籍は府県志が約300種、洋書は東亜関係の古典を主として約4千冊、この洋書は京都帝国大学総長の羽田博士が欧州で苦心して購入したものですこぶる良書に富んでいた。今日洋書、ことに支那関係古典が非常に高価であるので、本蔵書の寄託は誠に幸いであると小竹文夫(26)が述べている。

また寄付金の使途について復興委員を選出、馬場教頭を委員長に鈴木研究部長、中内学生監、久保田幹事、内田図書館主任(最初は穂積教授)、小竹教授が選任され復興方針を協議し、蒐集購入に入った。購入計画は緻密で主に個人の持つコレクションを中心に立てられていた。例えば天放楼蔵書(2万冊)、北京で蒐集されていた府県志類(850種)加えて東洋文庫重複洋書類の購入は、今後の交渉次第だが、既に内諾を得た。他にも嘉業堂蔵書約16万冊の購入について劉氏と交渉中だと小竹が述べている(『崑崙』1巻1号)。小竹は、何よりも戦時下で資料が散逸することを学者として非常に心配していた。また小竹が、こうした様々なコレクションの情報に精通していたのは、さすが現地の教員ならではの嗅覚と情報網であると感心した。さらに彼は、一般理論関係図書の積極的蒐集や図書分類方法の改革、図書委員制度の復活、新図書館建設、館内事務機構の充実などが今後の図書館の重大任務であると述べている。

上記のコレクション資料はその後大学図書館に収まったのだろうか?以後の購入記録が見当たらないためなんとも言えないが、昭和14年から16年に至る急激な購入冊数の増加、とりわけ漢書が年15,000冊～26,000冊も増加している。この中には選書対象となった上記のコレクションが含まれていたに相違ない。

昭和16年度にこれまでの図書館において過去最高の蔵書冊数となり、短期間に構築された図書であったが、教員たちが苦労して集めた資料であり、内容面において従来と遜色ない資料だと断言できる理由だと考えられる。

中国語授業

上級生より中国語発音を学ぶ(念書)

おわりに

これまで書院の図書館について調査してきたが、図書館は２度も焼失し環境は劣悪、また図書費についても恵まれなかったが、書院は上海図書館協会に所属しており、14に上る団体（聖ヨハネ大学・復旦大学・上海商科大学・中華書局等）と相互協力体制を結んでいた。さすが国際都市だけに図書館の種類は豊富にあり学生達はそれ程苦労をしなかったのではないかと思われる。また内山書店に入り浸っていた学生もいた。そこで魯迅と出会った学生もいたであろうし、様々な人種の人たちと会話する機会があったと思われる。書院生たちは積極的に話しかけたであろうし、国際的視野を広げることは容易にできたはずである。自ら飛び込む、それこそ書院の基本的なスタンスであったに違いない。

加えて書院という学校が一丸となって学生の大旅行に全力を注いでいた事が、そして学生達も大旅行調査に在学中のすべてをかけて臨んでいたことがより鮮明になった。

それは『事業報告書』の随所に見られる調査旅行に関する記事であった。世情不安な状況下にいかに学生たちが安全に調査を続けられるか、あちこちの大使館や関係機関への連絡調整等を綿密に行い、何かあれば即対応できる態勢が用意されていた。

このような中で学生達は、自分達のグループがどういうルートで調査旅行をするのか事前に書院に提出した。そしていかにこれまでのルートと異なるルートで特徴を出すのかを競った。いざ出発の時には鳴り物入りで在校生達が総出で見送った。高鳴る期待に胸躍らせたに相違ない。

しかし実際はかなり過酷だった。慣れない土地で病気と闘い（途中で断念した無念の学生もいた）、排日運動や軍閥どうしの抗争の中で、さらには日中戦争に突入したまさに敵国の地で、いかに自分の身を守るか彼らは常に危険にさらされていた。徒歩で、鍋釜を背負って、金は腹巻に入れ、旅館では南京虫と闘い、地方の方言に苦慮しながら調査し、時に軍閥の頭領から招待されごちそうになったり、田舎では持参した目薬や仁丹のおかげで医者のように扱われたり、匪賊に襲われ金品を奪われスッカラカンになったりもした…しかしどんな状況下でも、書院は大旅行を縮小することはあっても中止することはなかった。

学生達はまさに決死の覚悟で臨んでいた。彼らはこうして逆境に強く、いかなる状況下でも冷静沈着、最善の方法で生き延びるすべを身に着けていった。田舎での風景に郷愁を覚え、出会った素朴な民に愛着を感じた。書院精神はこうして培われていったに相違ない。

そして得た調査結果が、卒業論文として手書き資料の『支那調査報告書』として結実していった。

この卒業論文である『東亜同文書院支那調査報告書』は、オリジナルの資料が第13期生から32期生（大正5年～昭和10年度）まで愛知大学豊橋図書館に貴重図書霞山文庫（愛知大学創立の礎となった文庫で、東亜同文会旧蔵の約3.5万冊の和漢書）として収蔵されている。

昭和20年8月、日本の敗戦によって、中国軍に接収された昭和11年度以降の『支那調査報告書』は、中国国家図書館に収蔵されていて、近年中国側と交渉した結果、複製版を購入したと聞いている。

学生が書いた卒業論文は、その後東亜同文会が編纂し『支那経済全書』全12巻 1907-〔 〕、『支那省別全誌』全18巻 1917-20、『新修支那省別全誌』全9巻 1941-46、として纏められ出版された。当時の中国各地の情勢を知る上で大変貴重な歴史資料として今日でも海外からも高く評価されている。愛知大学ではこれらの全文データベースを作成している。

私は20年前にライブラリアンとしてアメリカ有名5大学を訪問し、東亜同文書院の資料やデータベース等の広報活動をしてきたが、現在でも愛知大学と交流が続いているのは望外の喜びである。

また大旅行の副産物として刊行した『東亜同文書院大旅行誌』全33巻は、愛知大学の60周年記念事業としてオンデマンド出版（発案から出版まで全て携わった）している。これは、学生たちが大旅行時に書いた日記であり紀行文であり、当時は各年度単位で個々のタイトルで出版されていた。旧字体で難解であるがこちらは当時の生の中国の実情が記されていて興味深い。

20年以上も前に『大旅行誌』の検索ツールを作成しインターネット上で公開をしていたが、15年前から突然利用が出来なくなってしまった。この度愛知大学の塩山教授から、私が作成した元データを使用して、さらにパワーアップしてネット上で公開する予定であると伺った。この検索ツールの再現は大きな喜びであり、これによってさらに書院研究が進むことを期待したい。

以　上

霞山文庫

謝辞

東亜同文会『予・決算書』及び『事業報告書』の調査は、国立公文書館アジア歴史資料センターのデータベースが公開されていたからこそ検索できました。ただの図書館職員であった自分が自由にデータベースを利用する事ができたことを深く感謝しています。

いつでも温かく迎えてくださる東亜同文書院大学記念センターの元所長である藤田佳久先生（愛知大学名誉教授）に、真っ先にこの論文を提出しました。いろいろとアドバイスをいただき大変お世話になりました。ありがとうございました。今後もご指導のほどよろしくお願いいたします。

20年以上交流が続いていてライブラリアンとして私の偉大な師であり、よき理解者でもある元ミシガン大学キュレーター仁木賢司さんは、いつも愛知大学に大いなる関心を寄せてくださり、若い研究者達にも貴重なアドバイスをいただき感謝に堪えません。改めてお礼申し上げます。

記念センターの片隅で黙々と研究に励んでおられる石田卓生先生、エールを贈ります。

8年以上続いた「東亜同文書院勉強会」に参加してくださった元愛知大学職員の先輩女子に感謝いたします。今後も東亜同文書院に関心を寄せていただきたくお願いいたします。

2019年11月23日、愛知大学名古屋校舎にて素晴らしい（メモなし）講演をされたハーバード大学名誉教授のEzra Vogel博士とお会いし会話した時には、高ぶる心を抑えきれませんでした。この時教授は89歳でした。私は退職後も李先生を通じて、Vogel博士から書院に関する様々な質問をいただき、調査し回答をしてきました。このランチ交流会での出会いがやる気に火を付けてくれました（Vogel博士は翌年突然他界されました。最後の講演が愛知大学で行われたことに大いなる意義を感じます。心からお悔み申し上げます）。

また経済学部の李春利先生は、ハーバード大学の先生方と毎年のように交流を重ねておられます。退職後も誘ってくださり、こうした先生方との交流会に参加させていただく事で、まだ自分にも何か役立つことができるはずという強い信念を抱かせてくれました。感謝しています。

最後に、東亜同文書院の研究が進むことを何より期待し、いつも励ましの言葉を贈ってくださった故松下哲男（根津一初代書院長の縁者の方）様に心から感謝を込めて、このつたない成果物を捧げたいと思います。

【注釈】

(1) 国立公文書館アジア歴史資料センターの公開データベースのアドレスは下記のとおり
http://www.jacar.go.jp/

(2) 近衛篤麿（このえあつまろ）（1863.8.10～1904.1.2）：政治家、号は霞山、公爵、藩閥に批判的で政府に対立、日清同盟論の主張、東亜同文会、国民同盟会、対露同志会への参加、1895年以後、死ぬまで学習院長を務め、貴族院議長、枢密顧問官なども兼ねた。長男は文麿（書院第五代院長）（日本近代史辞典）

(3) 劉坤一（りゅうこんいつ）1830～1902　清末の政治家・79年両江総督となり洋務派官僚の一人で、義和団事件の際、湖南総督張之洞（ちょうしどう）（1837-1909）と共に列強と東南互保協定を結び宣戦の朝廷を無視、逆に排外運動を弾圧した。（東洋史辞典）

(4) 義和団事件：19世紀末列強の侵略に対抗して活躍した排外集団に対する総称。1900年列強に戦いを宣した。しかし8月連合軍は北京を占領、翌年北京議定書が成立し結末を告げた。

(5) 第2革命（大正2年7月）：1913年袁世凱の国民党弾圧に反対した挙兵。1912年臨時大総統に就任した袁に対して中国革命同盟会は国民党を結成して対抗し、翌年反袁軍をおこしたが敗れ、革命は挫折した。この結果、袁の独裁的権力は強化された。

(6) 大正14年度死亡退職者：大村欣一（支那政治・通商史）・手塚泰雄・真島次郎（支那語）・高野康之各教授、退職者：法橋純一（教授）・岡野一朗（講師兼事務）・村上徳太郎（助教）・福田勝蔵（助教）、事務員退職：加藤・謝・荒川弘・梶野信七

(7) 満州事変（昭和6年9月18日）：柳条溝事件に始まる日本軍の満州侵略、その結果満州国が樹立され日本は国際連盟を脱退した。南満州は南満州鉄道株式会社を中心とする日本の特殊権益地域で日本の海外投資額の過半がつぎ込まれ、重工業原料の産地として日本帝国主義の生命線とされた。

(8) 盧溝橋事件（支那事変）昭和12年7月7日：北京郊外の盧溝橋付近で日本軍の一部と警備していた中国軍の一部隊が衝突した事件。日中戦争の発端となった。

(9) 植野武雄（うえのたけお）（明治30年1月名古屋生まれ）：大正9年東京帝国大学文学部支那文学科選科修了。大正10年5月明治学院中学部講師、大正11年1月東亜同文書院図書館主任兼研究部員となる。書院を退職後京城帝国大学支那哲文学科助手を経て、昭和4年満鉄に入社、大連図書館司書として漢籍を担当、翌年奉天図書館司書として衛藤利夫の右腕として13年間働く。昭和19年2月満鉄参事に昇格。戦後は関西大学講師や高校の教師をした。

(10) 岡野一朗（おかのいちろう）：大正7年4月書院の事務に就職後、兼講師となる。
「支那における図書館事業」岡野一朗著　『支那研究』5号1923.5　東亜同文書院支那研究部

(11) 図書分類：植野は大正12年12月末の増加目録において第一門：法律、政治、外交、社会にJ　第二門：経済、商業にE　第三門：哲学、宗教、教育にP　第四門：文学、語学にL　第五門：歴史、伝記にH　第六門：地理、紀行にG　第七門：科学、産業、技芸にS　第八門：叢書、雑書にM　第九門：辞典、書目にD　第十門：報告、統計、年鑑、一覧にRを付し、夫々の分野に対して、門別、号、番、冊を付して和漢書・洋書の目録を作成した。

⑿ 支那研究部：東亜同文書院にある研究機関で、教員で構成されており講演会・内外新聞雑誌索引カードの作成・刊行物・展覧会・部員及び学生の研究と機関紙の発行並びに調査旅行、外来者に対する支那に関する参考資料提供指導を行う部署

⒀ 矢野貫城（やのつらき）：教育家　1886.7-1975.11　高知生まれ。山口高等商業教授等を経て、1939明治学院院長、47日本基督教教育同盟会総主事、のち東京女子大理事長、四国学院院長等。文部省教職員適格審査会委員長。

⒁ 鵜鷹幸蔵（うだかこうぞう）：大正14年3月第四期図書館講習所を修了、神戸高等商業学校図書課勤務、昭和4年10月東亜同文書院に転任、書院では樺島と垂水と女性タイピストの3名と中国人2名の勤務体制だった（青年図書館員連盟会報）昭和12年11月図書館焼失後も復興に向け連盟に図書寄贈の要請をした。昭和18年1月華中興亜資料調査所に転任。

⒂ 「在滬八年一切是空」もり・きよし著　『図書館雑誌』59巻8号　昭和40年8月　47頁

⒃ 橳島善次郎（ぬでしまぜんじろう）：昭和11年3月第15期生として図書館講習所を修了、1936年12月東亜同文書院図書館司書として鵜鷹幸蔵のもとで働く。1937年に結成された占領地区図書文献接収委員会の委員に派遣、のち南京国民政府の図書専門委員会に派遣される。

「南京・上海杭州に於ける図書の蒐集と整理：中支建設資料整備委員会保管図書ノ国民政府へ返還マデ」橳島善次郎著　『圕（トショカン）研究』　14巻2号　1941

⒄ 「魯迅の講演」蔵居良造著（28期）『滬友』45号　昭和55年5月　33ページ

⒅ 「魯迅の華語特別講義に想う」鈴木択郎『滬友』46号　昭和55年10月　35ページ

⒆ 興亜院：1938.12.16～1942.11.1　第1次近衛文麿内閣により設置された中国占領地域統治の中央機関。日中戦争が全面化した1938年初めから国策会社の監督権を巡り陸軍も対華政策を統一する対支院の設置を要求、独自和平工作を企図としていた宇垣一成外相は反対したが、12月外交を除く占領地関係の一切の業務を統括するものとして設置された。総裁は首相、副総裁は外・蔵・陸・海の各相。しかし現地軍は特務機関の活動を手放そうとせず興亜院業務は経済関係を中心とするものとなった。42年大東亜省設置により廃止。

⒇ 田端宣貞（たばたのぶさだ）：大正5年和歌山県生まれ、昭和10年3月図書館講習所を修了、同年6月撫順図書館に採用。昭和13年移譲後の撫順市立図書館から満州炭鉱図書室に転出、昭和17年初頭に東亜同文書院大学図書室勤務、同年11月に応召、戦後は和歌山県職員、詩人

(21) 谷山高美：昭和17年度文部省図書館講習を修了、朝鮮総督府図書館職員

(22) 杜月笙（とげつしょう）：1888年8月-1951年8月）上海生まれ、中国の秘密組織・青幇（チンパン）の大頭目。国民党時代の上海の権勢家、蒋介石の後援者。日中戦争中は上海経済を支配して日本と対抗した。

(23) 「檄！！上海同文書院図書館復興の為に」1ページ～『収書月報』25号　満鉄奉天図書館　昭和13年2月10日

「植野武雄とその東洋学―附・著述目録」　吾妻重二著　『関西大学東西学術研究所紀要』51号　2018.4

(24) 田岡准海（たおかじゅんかい）：徳島県出身。東亜同文書院で教授。後満鉄に入る。晩年遼東詩壇を刊行。

(25) 大谷光瑞（おおたにこうずい）明9.12-昭23.10：西本願寺派僧侶。明32～33にかけて清国・インド・ロンドンを滞在し、35年から西域探検隊を組織し、中央アジアの考古学的踏査を挙行。シルクロード研究上、貴重な業績を挙げた。

(26) 小竹文夫：1900年、石川県生まれ。1922年東亜同文書院商務科を卒業後（第19期生）1928年京都帝国大学文学部東洋史学科を卒業し、東亜同文書院大学教授となり支那史・支那思想史・支那経済史等担当する。戦後は金沢大学、東京教育大学で教授を務めた。

【参考文献】

1.『東亜同文書院大学史：創立八十周年記念誌』　大学史編纂委員会　社団法人滬友会　昭和57年5月
2.『沿革史：日清貿易研究所・東亜同文書院』　松岡恭一, 山口昇編. - 東亜同文書院学友會, 1908
3.『創立三十週年記念東亜同文書院誌』　上海東亜同文書院　昭和5年5月17日
4.『東亜同文書院創立二十週年　根津院長還暦祝賀記念誌』　上海東亜同文書院同窓会　1921
5.『在上海東亜同文書院一覧 : 東亜同文書院編』　東亜同文書院, 1911.
6.『在上海東亞同文書院章程』明治三十八年十月改正　東亞同文會本部, 19--.
7.『増加東亜同文書院図書目録』　第一輯　上・下1923年12月
8.『東亞同文書院圖書館和漢圖書目録』　第1巻, 第2巻. -- 東亞同文書院圖書館,　1923.6
9.『崑崙』東亜同文書院図書館　1巻1号、2号、5号　1939-42
10.『読書月刊』　東亜同文書院図書委員　3-5,7,9,11-15号　1933-1934
11.『滬友』　東亞同文書院滬友同窓會1-2，4-13，15，17-29　1917-1926
12.『滬友学報』　東亜同文書院大学　2-5,8-11，13-16　1940-1943
13.『支那研究』　東亜同文書院支那研究部　1-62（1920-1942）
14.『東亜同文会史』　東亜文化研究所編　明治・大正編、昭和編　霞山会　1988-
15.『圕研究：青年図書館員聯盟機関誌』　青年図書館員聯盟　1-16（1928-1943）
16.『青年図書館員聯盟会報』　青年図書館員聯盟　8-13（1935-1940）
17.『日本の植民地図書館：アジアにおける日本近代図書館史』　加藤一夫・河田いこひ・東條文規著 社会評論社　2005年
18.『東亜同文書院関係目録―愛知大学図書館収蔵資料を中心に―』　成瀬さよ子編　愛知大学豊橋図書館　2005年
19.愛知大学では、東亜同文書院大学記念センターで作成した「東亜同文会・東亜同文書院」が出版した21種類の雑誌を中心とした検索データベースを公開している。
アドレスは、http://toadb.aichi-u.ac.jp
20.国立公文書館アジア歴史資料センターのDBについては、文末資料集の中で詳細に記載した。

作成資料一覧表

資料番号	タイトル名		収録年代　ただし欠あり
1	東亜同文書院	年度別決算額・図書費一覧	明治33－昭和20年度
2	東亜同文会・東亜同文書院	年度別決算額と国庫補助金一覧	明治33-昭和20年度
3	東亜同文会	年度別国庫補助金収入一覧	明治33-昭和20年度
4	東亜同文書院章程	図書館関係（抜粋）	明治33・明治38・明治43・大正2・昭和14年
5	東亜同文書院	図書館の概要	大正7年－昭和19年度
6	東亜同文書院	図書館閲覧状況	
	6-1	閲覧状況	大正12－昭和11年度
	6-2	学年別利用者数と利用冊数	大正13－昭和11年度
	6-3	学生部門別利用状況	大正12年－昭和11年度
	6-4	教職員分野別利用状況	大正13年度
	6-5	後期における利用状況	昭和13年度－18年度
	6-6	昭和18年度下半期閲覧統計表	昭和18年度10月－19年3月
	6-7	学生分野別利用状況	大正11年度－昭和18年下半期
	6-8	まとめ	大正11年度下半期－昭和17年度
7	東亜同文書院	図書館規則	昭和14年4月改正
8	東亜同文書院	学外訪問者	
	8-1	学外からの講演者数	大正13－昭和11年度、昭和13－18年度
	8-2	学外見学者数	大正13－昭和11年度、昭和13－18年度
	8-3	学外講演者と見学者リスト	大正12年－昭和18年度
9	東亜同文書院	年度別蔵書状況	
	9-1	中期における年度別増加冊数	大正11－昭和3年度
	9-2	〃	昭和4－昭和12年度
	9-3	後期における年度別増加冊数	昭和13－18年度度
	9-4	年度別購入図書冊数・寄贈図書冊数	昭和13－18年度
10	東亜同文書院	職員給与	
	10-1	職員給与一覧	大正8年・大正9年
	10-2	〃	昭和12年度給与・昭和15年度給与
11	東亜同文書院	資料一覧表 Ⅰ:予算・決算書関係	明治33年－昭和20年度
12	東亜同文書院	資料一覧表 Ⅱ:事業報告書関係	大正10年度－昭和20年度
13	東亜同文会	資料一覧 まとめ	明治33年－昭和20年度

資料1　東亜同文書院　年度別決算額・図書費一覧

円

年度別　支出額一覧	書院決算総額	経常費支出額	図書費支出額	残額	経常費：図書費
明治33(1900)年	8,734.738	8,734.738	384.210	170.624	4%
明治34(1901)年	39,344.092	35,510.092	1,304.950	1,048.100	4%
明治36(1903)年	81,022.140	68,223.295	1,244.890	1,462.414	2%
明治37(1904)年	79,144.391	69,667.711	1,577.910	1,867.877	2%
明治39(1906)年	93,177.726	93,177.726	2,078.365	3,440.575	2%
明治40(1907)年	127,538.538	127,538.538	1,409.935	4,306.250	1%
明治41(1908)年	132,882.114	132,882.114	1,964.505	-6,189.370	1%
明治42(1909)年	119,256.769	119,256.769	1,481.915	-7,895.025	1%
明治43(1910)年	111,345.566	111,345.566	1,841.891	-4,912.365	2%
明治44(1911)年	115,757.602	115,757.602	1,836.588	-2,462.875	2%
大正元(1912)年	109,732.762	109,732.762	1,795.155	-5,992.915	2%
大正2(1913)年	143,166.164	143,166.164	2,514.849	-23,276.185	2%
大正3(1914)年	201,296.634	201,296.634	3,295.810	-4,307.105	2%
大正4(1915)年	167,699.854	167,699.854	3,278.037	13,772.685	2%
大正9(1920)年	523,311.670	523,311.670	4,705.780	154,609.860	1%
大正10(1921)年	583,920.960	583,920.960	8,935.090	79,077.890	2%
大正11(1922)年	468,149.040	468,149.040	10,984.220	-29,343.670	2%
大正12(1923)年	537,668.200	421,098.470	10,306.940	-35,686.030	2%
大正13(1924)年	516,554.700	455,554.700	7,238.080	-51,669.700	2%
大正14(1925)年	525,608.800	464,608.800	6,330.800	-27,203.800	1%
大正15・昭和元(1926)年	458,203.220	458,203.220	7,513.970	19,521.000	2%
昭和2 (1927)年	420,473.590	410,160.200	8,369.000	55,510.270	2%
昭和3 (1928)年	567,094.970	461,162.780	9,023.280	44,154.790	2%
昭和5 (1930)年	496,960.510	441,030.910	3,862.000	39,102.080	1%
昭和6 (1931)年	415,476.390	393,673.970	4,174.000	108,372.070	1%
昭和7 (1932)年	513,079.720	425,387.370	7,066.780	42,767.420	2%
昭和8 (1933)年	494,843.340	416,443.130	7,018.954	32,539.540	2%
昭和9 (1934)年	409,714.740	409,714.740	7,602.832	-32,012.630	2%
昭和10 (1935)年	448,964.720	448,964.720	7,812.410	-66,646.400	2%
昭和11 (1936)年	565,296.950	553,164.240	7,304.417	11,200.330	1%
昭和12 (1937)年	412,821.700	408,623.070	8,372.469	17,920.780	2%
昭和13 (1938)年	795,551.070	523,777.970	8,564.530	-255,646.110	2%
昭和19(1944)年	4,236,304.720	—	—	1,361.550	
昭和20(1945)年	1,403,255.200	—	—	-483,755.650	

資料2　年度別 東亜同文会・東亜同文書院 決算額と国庫補助金一覧　（1円以下四捨五入）

年度	東亜同文会決算額	残額	東亜同文会国庫補助金	東亜同文書院決算額	残額	東亜同文書院補助金（維持金含）	書院に配分率%
明治33年	73,458	1,082	40,000	8,735	171	8,145	20%
明治34年	116,124	1,807	40,000	39,344	1,048	14,195	35%
明治36年	150,527	−1,325	40,000	81,022	1,462	12,526	31%
明治37年	137,565	−138	40,000	79,144	1,868	17,657	44%
明治38年　予算	106,358		40,000	予算　70,608		19,839	
明治39年	164,985	−13,780	40,000	93,178	3,441	20,635	52%
明治40年	185,292	−3,946	40,000	127,539	4,306	18,862	47%
明治41年	220,298	−17,015	40,000	132,882	−6,189	16,662	42%
明治42年	210,437	−26,443	40,000	119,257	−7,895	20,467	51%
明治43年	189,982	−25,254	42,500	111,346	−4,912	27,324	64%
明治44年	192,108	−25,361	40,000	115,758	−2,463	22,324	56%
明治45年	200,516	−29,353	40,000	109,733	−5,993	22,324	56%
大正2年	237,369	−51,771	50,000	143,166	−23,276	25,624	51%
大正3年	286,133	−11,332	110,000	201,297	−4,307	82,215	75%
大正4年	263,668	−9,459	120,000	167,700	13,773	44,749	37%
大正5年　予算	182,162		64,363	131,413		42,808	
大正7年　予算	599,580		391,300	270,366		358,872	
大正8年　予算			532,075			84,529+α	
大正9年	611,134	178,528	260,660	523,312	154,610	228,230	88%
大正10年	689,875	103,968	311,533	583,921	79,078	220,960	71%
大正11年	658,637	30,876	219,533	468,149	−29,344	120,960	55%
大正12年	614,299	4,901	222,726	537,668	−35,686	120,960	54%
大正13年	606,310		459,000	516,555	−51,670	176,000	38%
大正14年	601,733	727	270,000	525,609	−27,204	155,500	58%

資料2

年度	東亜同文会決算額	残額	東亜同文会国庫補助金	東亜同文書院決算額	残額	東亜同文書院補助金(維持金含)	書院に配分率%
大正15年	608,834	14,638	334,000	458,203	19,521	192,000	57%
昭和2年	予算 611,467		401,449	決算 420,474	55,510	259,449	65%
昭和3年	732,506	77,051	350,000	567,095	44,155	208,000	59%
昭和4年 予算	718,713		396,000	543,581		254,000	
昭和5年	696,958	91,470	427,825	496,961	39,102	226,493	53%
昭和6年	597,785	133,692	398,025	415,476	108,372	229,200	58%
昭和7年	716,977	90,673	389,474	513,080	42,767	217,840	56%
昭和8年	685,551	34,414	352,474	494,843	32,540	206,725	59%
昭和9年 一部決算・予算	不明		357,474	409,715	−32,013	216,725	
昭和10年	不明		357,474	448,965	−66,646	216,725	
昭和11年	952,369	13,248	628,882	565,297	11,200	280,446	45%
昭和12年	642,728	31,053	323,374	412,822	17,921	166,335	51%
昭和13年	1,023,811	37,966	454,186	795,551	−255,646	345,891	76%
昭和14年 予算	1,264,722		814,458	995,403		651,263	
昭和15年 予算	4,343,579		3,871,049	2,348,815		1,982,715	
昭和16年	?		?	予算 2,724,645		2,179,145	
昭和17年	?		?	?		471,272	
昭和18年	?		?	?		450,474	
昭和19年	9,593,591		7,544,910	4,236,305	1,361,550	3,942,113	52%
昭和20年	3,171,237		2,281,774	1,403,255	−483,756	1,364,279	60%

＊1:明治35年、大正6年、昭和17-18年度は予・決算書不明

＊2:昭和9年・10年の各学校収支計算書は、為替差損補てん補助金申請書の添付書類で同文会全体の決算書ではない。

資料　3

年度別　東亜同文会国庫補助金と書院補助金

年度	東亜同文会国庫補助金 経常費＋臨時費　円	東亜同文書院国庫補助金 （維持金）経常費+臨時費　円	東亜同文会 国庫補助金	東亜同文書院 補助金額	メモ欄
明治33年	40,000	8,145	40,000	8,145	
明治34年	40,000	14,195	40,000	14,195	
明治36年	40,000	12,526	40,000	12,526	
明治37年	40,000	17,657	40,000	17,657	
明治38年　予算	40,000	19,839	40,000	19,839	
明治39年	40,000	20,635	40,000	20,635	銀貨高騰
明治40年	40,000	18,862	40,000	18,862	
明治41年	40,000	16,662	40,000	16,662	
明治42年	40,000	20,467	40,000	20,467	
明治43年	40,000+2,500＝42,500	27,324	42,500	27,324	本年度のみ調査費がプラス
明治44年	40,000	22,324	40,000	22,324	
明治45年	40,000	22,324	40,000	22,324	
大正2年	40,000+10,000＝50,000	25,624	50,000	25,624	
大正3年	40,000+70,000＝110,000	22,799+50,000+9,416＝82,215	110,000	82,215	
大正4年	40,000+80,000＝120,000	22,808+12,213+9,728＝44,749	120,000	44,749	
大正5年　予算	40,000+10,000+10,000+4,362.8＝64,362.8	22,808+10,000+10,000＝42,808	64,363	42,808	

年度	東亜同文会国庫補助金 経常費＋臨時費　円	東亜同文書院国庫補助金 （維持金）経常費＋臨時費　円	東亜同文会 国庫補助金	東亜同文書院 補助金額	メモ欄
大正7年　予算	40,000+76,960+274,340＝391,300	18,572+65,960+274,340＝358,872	391,300	358,872	書院拡張に伴う補助金が予算化（学生増・支那人学校の創設・施設などの増設）
大正8年　予算	40,000＋76,960+415,115＝532,075	18,569+65,960＝84,529	532,075	84,529+ α	大正8年度～12年度にかけて595,020円を支那教育事業に補助する→排日運動が激烈で中華学生を募集できない。9月20日より書院中華学生を開業予定であったが、延期する旨稟申する。
大正9年	40,000+76,960+143,700＝260,660	18,569+65,960+143,700＝228,230	260,660	228,230	
大正10年	40,000+171,533+100,000＝311,533	5,000+115,960+100,000＝220,960	311,533	220,960	
大正11年	40,000+179,533＝219,533	5,000+115,960＝120,960	219,533	120,960	
大正12年	40,000+182,726＝222,726	5,000+115,960＝120,960	222,726	120,960	
大正13年	40,000+179,000+240,000＝459,000	5,000+110,000+61,000＝176,000	459,000	176,000	
大正14年	30,000+240,000＝270,000	2,500+153,000＝155,500	270,000	155,500	予算書では5,000円の補助金が決算では2,500円。臨時費は見当たらず
大正15年	15,000+319,000＝334,000	192,000	334,000	192,000	維持金が15,000円となり本部下に。以後書院は維持金費目がなくなり国庫補助金のみ。
昭和2年	（予算書）15,000+319,000+67,449＝401,449	192,000+67,449＝259,449	401,449	259,449	決算書は書院のみ。補助金申請書と書院の決算書で把握
昭和3年	15,000+319,000+16,000＝350,000	192,000+16,000＝208,000	350,000	208,000	62,000の臨時費が予算化されたが、決算では16,000円 書院土地購入費
昭和4年　予算	15,000+319,000+62,000＝396,000	192,000+62,000＝254,000	396,000	254,000	予算書及び命令書にて国庫補助金を確認
昭和5年	13,000+311,025+103,800＝427,825	187,200+29,250+10,043＝226,493	427,825	226,493	維持金が13,000円に
昭和6年	12,000+311,025+75,000＝398,025	187,200+42,000＝229,200	398,025	229,200	予算書では維持金は13,000で計上
昭和7年	12,000＋295,474+82,000＝389,474	177,840+40,000＝217,840	389,474	217,840	

年度	東亜同文会国庫補助金 経常費＋臨時費　円	東亜同文書院国庫補助金 （維持金）経常費＋臨時費　円	東亜同文会 国庫補助金	東亜同文書院 補助金額	メモ欄
昭和8年	12,000+295,474+45,000＝352,474	166,725+40,000＝206,725	352,474	206,725	
昭和9年 一部決算・予算	12,000+295,474+50,000=357,474	166,725+50,000＝216,725	357,474	216,725	予算書と決算書の収入の違いは①学資金の多少　②銀換算レートの違い
昭和10年	12,000+295,474+50,000＝357,474	166,725+50,000＝216,725	357,474	216,725	
昭和11年	12,000+330,834+120,000+166,048.24＝628,882.2	183,125+97,320.69＝280,445.69	628,882	280,446	法政科増設、為替差損の補てん120,000円追加、書院の職員住宅建築費、天津農事試験場開設
昭和12年	12,000+311,374=323,374	166,335	323,374	166,335	対支文化事業から支那事変発生の為補助金の減額通達(−23,100円　)(昭12.9と10)。
昭和13年	304,186+150,000＝454,186	195,891+150,000＝345,891	454,186	345,891	維持金の項目消滅。臨時費150,000円は、事変費、長崎開校費、上海復帰費と明記
昭和14年　予算	530,458+284,000＝814,458	367,263+284,000＝651,263	814,458	651,263	大学昇格の為の予算資料による
昭和15年　予算	1,104,094＋2,766,955＝3,871,049	549,000+1,200,000+233,715＝1,982,715	3,871,049	1,982,715	新設3学校（教育学院・女子学院・文化普及部）＋拡充3件（中日学院・江漢中学（復旧）・調査編纂部）を経常費予算。 臨時部は、書院の再建費拡充費、既存学校の拡充費
昭和16年　予算	?	713,049+1,200,000+266,096＝2,179,145	?	2,179,145	
昭和17年	?	471,272	?	471,272	大学昇格の為の予算資料による
昭和18年	?	450,474	?	450,474	〃
昭和19年	6,460,910+1,084,000＝7,544,910	3,692,113+250,000＝3,942,113	7,544,910	3,942,113	
昭和20年	9,487,119→2,281,774	3,389,146→1,364,279	2,281,774	1,364,279	第1回分の国庫補助金のみ使用

資料4-1　　東亜同文書院章程　図書館関係（抜粋）

明治33(1933)年 **南京同文書院章程**	明治38(1905.10月)年 **在上海東亜同文書院章程**　　377.28:To12
本文には図書館関係の記載なし 寄宿舎・教場全図には空欄スペースに「現在支那人の住宅であるがこれを借入し手入れの上、新聞縦覧所、書籍館、倶楽部室等に充てる見込み」と記されている	本文にはなく、附則として 二．倶楽部規則、三．文庫規則がある。 二．倶楽部規則 第三条：新聞縦覧室１室、文庫１室、図書閲覧室１室、歓話室２室、学生応接所１室を置く。 第四条：**倶楽部は午前6時に開き、午後9時に閉じる。**ただし時宜により変更することがある。 第五条：倶楽部内に商人控所を設け菓子、果物、その他弊害なき物品の販売を許す。ただし酒類の販売は一切禁ずる。
	三．文庫規則 第二条：職員学生は文庫の図書を借覧可．特に院長の許可を得たものは院外の者でも借覧可 第三条：職員が図書を借覧したいときは、文庫係の承諾を得ること 第四条：学生が借覧したいときは、用紙に図書目録から所要の書名、其架号、番号、冊数と自分の姓名等を書き図書閲覧表と共に文庫係に差出す 第五条：借受ける図書は閲覧室で閲覧し、室外に帯出は禁止 第六条：一時に3部以上借覧できない 第七条：教授上又は研究のため職員図書を借用帯出するときは、規定の証書に書名等を記入し、文庫係に交付すること。ただし一時に5部以上借用帯出できない 第八条：職員、係員の他、文庫内に入って図書を検索できない 第十条：借受けた図書を汚損、紛失したときは弁償すること 第十一条：**文庫の開閉時間は倶楽部と同じ** 第十二条：日曜日及び日清の大祭日は文庫は開かない 第十五条：寄贈の図書は寄贈者の姓名を記して文庫に保存する

資4-2　東亜同文書院章程　図書館関係（抜粋）

従明治43年至明治44年 在上海東亜同文書院一覧 「東亜同文書院章程」 377.2:54－2	大正2年12月更訂 在上海東亜同文書院章程	大正10年11月更訂 東亜同文書院章程　（要領）	昭和14年4月改正 図書館規則
本文にはなく、附則として、二：文庫規則、五：倶楽部規則となっている 五：倶楽部規則第三条：倶楽部内に5室を置く。歓話室3室、新聞縦覧室1室、学生応接所1室 第四条：**倶楽部は午前6時に開き9時に閉じる。** 第五条：倶楽部内に消費組合物品販売所を設け日用品、菓子、果物、その他弊害のない物品を販売す。ただし酒類の販売は一切禁ずる。	本文にはなく、附則として、二：文庫規則、五：倶楽部規則となっている。 五：倶楽部規則は従来と同じ	要領とあるように、本文・補足いずれも図書館関係の記載なし	第一条～五条略 第六条：教職員と主任の許可を得たものは書庫に入り検索できる 第八条：開閉時間：平日８時～午後１０時まで、土は午後９時 日曜祝日：９時から夕食時迄 夏季休暇中：８時から１２時まで 冬季休暇中：８時から夕食時まで 第十条：学生は館外帯出日に帯出できる。帯出は３冊以内で次の帯出日までの期間、ただし次の帯出日が祝祭日に当たるときはその次迄延長できる 第十三条：閲覧図書冊数は洋装本でこれを定め和漢装は５冊を１冊とみなす。 第十四条：教職員の館外帯出は一人２０冊６０日を限度とする。なお当該図書に対する閲覧希望者があった場合には主任は１週間以内に返納をもとめることがある。 第十五条：第１種図書：辞書類統計類新着定期刊行物その他本館において不断に備付を必要と認める図書は館外帯出を禁じる 第十六条：帯出中の図書を携帯旅行するときは図書館主任の許可を得る事 以下第十九条まであり
二、文庫規則 文庫規則は基本的には従来通りであるが、異なっている点は以下の項目。 第十一条：**文庫の開閉時間は午前6時より、午後11時までの間において時宜に従いこれを定める** ーーーーーーーーーーーーーーーーーーーーーーーー 細則があり、文庫：文庫は院内の西北隅閑静な場所にこれを設立し、和洋漢各種の図書を備えつけ教授学生の参考研究の資料を供給す。閲覧室には数十種の雑誌、報告書類を備え自由繙読（はんどく）の便に供するのみならず寮舎消灯後学者の研究の場所に充つ、しかして本院教授中より委員を置き文庫事務を管掌せしむ	二、文庫規則は、従来通り		

資料5

東亜同文書院図書館の概要

年度	図書館職員関係	図書館に関する事項	その他
大正7年4月	岡野一朗(事務)		
大正10年2月	主任:植野武雄		
大正11年11月		新図書館開館	
大正12年度		9月　関東大震災をきっかけに国内帝国大学その他の図書館から図書購入の依頼の拠点となる。その後内外の図書館と相互資料交換を行う	
大正13年度	3月植野主任退職:後任は和田喜八教授(商業学)が主任兼務 9月　岡野一朗講師兼務	植野:上海図書館協会の組織に参加、相互に連絡を取り学生等の図書の閲覧を歓迎:復旦大学・聖ヨハネ大学・総商会図・上海商科大学・上海大学・東方図・南洋大学・広肇公学・中華書局・清心中学・中華職業学校・南洋中学・同済大学、中法工業学校の図書館	支那研究部(教員)が学外者からのレファレンスを行う
大正14年度	9月　岡野一朗辞任		
昭和2年度			「支那研究」に優れた学生の論文を掲載 支那研究部に雑誌230種、新聞14種所蔵
昭和5年度	笠島利國　図書館職員 (創立三十周年記念より)	公開図書として基本図書939冊を提示 学生図書委員を10名委嘱(第4学年3名、第3学年4名、第2学年3名)	
昭和6年度	鵜鷹幸蔵　司書	学生図書委員が図書館ガイダンスや図書検索方法を説明する。 「図書館手引きのしおり」を配布	

昭和7年度	鵜鷹幸蔵	学生図書委員が「読書月刊」を発行、内容は教授の良書紹介、毎月の閲覧状況増加図書目録等掲載し、教職員と学生寮各部屋に配布	分類の検討のため大谷教授、山崎助教授と共に物産館所属の中馬事務員が委嘱
昭和8年度	鵜鷹幸蔵	「読書月刊」7号発行 「満蒙関係記事件名目録」を作成、カードと冊子体作成 蔵書点検も学生図書委員が行う こうした学生の行いに対して学生図書委員の3名を功労者表彰を行った 現在の分類は創立当時の物なので不備が多く能率が悪いので、日々改善を計っている	
昭和9年度	鵜鷹幸蔵	新入生図書館案内を2組に分け教室で30分利用法を話した後、実地見学をしているが時間が不十分で、図書館講座を設ける必要がある。 「読書月刊」18号まで発行したが、以後「東亜同文書院図書館報」に改題した	支那研究部では中国国内での資料交換を45か所で行っている（国民政府・四川・広西等諸省の地方官庁・各大学・満州国各機関等）
昭和10年度	図書館主任：大谷幸太郎教授（経済原論） 鵜鷹幸蔵	学生図書委員は5名 「図書館報」は6号まで発行	支那研究部　定刊物325種、不定刊物55種 物産館の学外利用者上半期約900名、6，778点の収蔵品 下では支那研究部　定刊物308種、不定刊物147種の記載あり
昭和11年度	鵜鷹幸蔵、橅島善次郎	上海大使館商務書記官岩井が鵜鷹から聞いた話として「書院の図書館分類は大体の常的分類であるので整理困難複雑で混乱のもととなっている」	物産館の利用者2，000名、一般にも開放、質問調査依頼多数あり
昭和12年11月3日	橅島は1937年に結成された占領地区図書文件接収委員会委員となる	数回にわたり放火されすべて灰ジンと帰した 被害額総額1，254，297.49円　内図書：151,339.23円 10月18日長崎開校時　図書784冊 本年末寄贈図書6，218冊、雑誌908冊	支那研究部の被害額書籍他：6，545.00円 物産館陳列品被害額：14，899.13円

昭和13年	5月教員図書委員：熊野、小竹、内田、朱牟田、春宮、桜川 図書館主任：穂積文雄教授（経済原論） 図書館員：鵜鷹幸蔵と多賀義憲	4月上海交通大学跡に開校し、3Fの1室に図書館事務室を開室、4月末事務室を1Fに移転、1Fすべてに閲覧室・出納室（索引室）の部屋となる 館外貸出は、資料が少ないため教員のみ 雑誌はスペースが無く公開できずに出納とした。 休日も朝9時より夕食まで閲覧室を開いた 分類はNDCを採用、目録規則は著者主記入とした	
昭和14年度	上：図書館主任：内田直作教授（交通論） 図書館事務職員：鵜鷹幸蔵・多賀義憲・高橋義雄（いずれも司書） 下：書記西松重躬が加わり4名となる 下：図書館主任：熊野正平教授（中国語・科学概論）	図書館規則（昭和14年4月改正） 崑崙（書院図書館発行）1巻1号（S14。2）、1-2（S15.3） 5号（S17.6）	
昭和15年度	上：図書館主任：熊野正平（教授兼） 鵜鷹・高橋・石川正衛（いずれも司書3名）＋書記西松の4名	蔵書の大半を占める漢籍と新聞雑誌はまだ一般学生の閲覧を供していない	支那研究部は名称変更して「東亜研究部」となる
昭和16年度	昭和17年2月図書館長：野崎駿平教授（中国語） 鵜鷹・高橋・石川（司書）＋上半期は西松が書記で在籍したが下半期は書記田端宣貞（いずれも司書3名）＋書記1名		
昭和17年度	上：図書館長：手塚寿郎教授（統計学） 田端は退職、鵜鷹・高橋・石川の司書3名 下：司書高橋と書記北村房子の2名	久しく休刊していた館報「崑崙」第5号発行	東亜研究所が雑誌・新聞以外に書籍の整理保存をする。憲兵隊接収図書1，900冊を受領 12月煙草配給組合が解散し本学に400万円の寄付あり
昭和18年度	図書館長代理：鈴木擇郎（中国語）（5月手塚教授死去） 司書高橋義雄・書記北村房子・司書谷山高美　の3名、図書出納事務雇員1名雇用	学徒出陣のため図書館利用者激減 学徒所蔵の図書約5，500冊を買上る 帯出事務取扱停止 昭和19年度予算案を大東亜省に提出	
昭和19年度	司書1名（名前の記載なし）		

資料6-1

東亜同文書院図書館閲覧状況　T12～S11

大正12年度	利用者数	利用冊数	**大正15年度 利用者数**	利用冊数	**昭和2年度 利用者数**	利用冊数	**昭和6年度 利用者数**	利用冊数
職員	492	1,666	243	1,309	256	1,291	714	1,728
学生	4,519	10,340	5,941	13,402	3,704	8,895	4,817	10,214
合計	5,011	12,006	6,184	14,711	3,960	10,186	5,531	11,942
中華学生（下半期のみデータあり、内数）	119	388					上海事変のため昭和7年1月28日以降閉館	

昭和7年度	**利用者数**	利用冊数	**昭和9年度 利用者数**	利用冊数	**昭和10年度 利用者数**	利用冊数	**昭和11年度 利用者数4**	利用冊数
職員	922	1,943	1,079	2,417	936	2,131	1,177	2,814
学生	5,178	10,513	5,512	12,664	5,777	13,059	6,153	13,929
合計	6,100	12,456	6,591	15,081	6,713	15,190	7,330	16,743
4月15日より開館した			夏季休暇中長期貸出。79人189冊　一人3冊まで		一般人5人・館外貸出　3冊		一般人5人・館外帯出15冊	

資料6-2　学年別利用者数と利用冊数　（大正13～昭和11）

学生 利用状況	大正13年度		大正15年度		昭和6年度		昭和7年度		昭和9年度		昭和10年度		昭和11年度	
学年	人数	冊数	人数	冊数	人数	冊数	人数	冊数	人数	冊数	人数	冊数	人数	冊数
4年級	1,038	2,807	1,126	2,646	699	1,601	845	1,783	1,041	2,599	837	2,011	991	2,355
3年級	1,637	4,192	1,219	2,798	1,170	2,470	2,094	4,380	1,425	3,336	1,443	3,348	1,794	4,213
2年級	1,400	3,336	1,242	2,750	1,334	2,813	1,142	2,359	1,647	3,727	3,251	4,184	1,826	4,093
1年級	1,299	2,938	1,711	3,665	1,092	2,251	867	1,479	1,399	3,002	1,692	3,516	1,542	3,268
中華学生	557	1,749	643	1,543	521	1,079	230	512	——	——	——	——	——	——
合計	5,931	15,022	5,941	13,402	4,817	10,214	5,178	10,513	5,512	12,664	5,777	13,059	6,153	13,929

資料6-3

学生部門別利用状況　冊数	大正12年度	比率	大正13年度	昭和6年度	昭和7年度	昭和9年度	昭和10年度	昭和11年度	11年度
1. 文学・語学	2,868	27%	3,376	2,669	2,805	4,587	4,156	4,478	1位
2. 経済・商業	1,374	13%	3,644	1,905	2,239	2,186	2,218	2,048	3位
3. 科学・産業・技芸	571	5%	618	246	292	264	295	242	10位
4・地理・紀行	1,410	14	871	461	480	466	524	416	8位
5. 法律・政治・外交・社会	1,110	11	1,752	2,051	1,918	1,776	1,782	2,531	2位
6. 哲学・宗教・教育	1,229	12	1,743	665	792	1,221	1,398	1,611	4位
7. 新聞・雑誌	525	5	1,220	681	664	716	1,003	1,278	5位
8. 報告・統計・年鑑	777	7	468	389	307	335	385	297	9位
9. 叢書・雑書	487	4	760	793	641	570	689	493	6位
10. 歴史・伝記	453	4	742	222	299	504	524	469	7位
11. 辞書・書目	107	1	168	132	75	39	86	66	11位
合計	**10,340**		**15,362**	**10,214**	**10,512**	**12,664**	**13,060**	**13,929**	

＊資料6－2のデータと異なる(大正13, 昭和7、昭和10年度)

利用者は11月と
1月が最も多い

資料 6-4　大正13年度教職員分野別利用状況

教職員部門別利用状況	上半期	下半期	合計　冊	利用の多い順	%	
1. 文学・語学	291	183	474	①	24	
2. 経済・商業	131	119	250	④	13	
3. 科学・産業・技芸	130	47	177	⑥	9	
4・地理・紀行	165	28	193	③　287	15	10と合算
5. 法律・政治・外交・社会	151	162	313	②	16	
6. 哲学・宗教・教育	64	162	226	⑤	11	
7. 新聞・雑誌	54	44	98	⑦	5	
8. 報告・統計・年鑑	35	29	64	⑧	3	
9. 叢書・雑書	20	25	45	⑨	2	
10. 歴史・伝記	49	45	94	*4に含む		
11. 辞書・書目	15	24	39	⑩	2	
合計	1,105	868	1973			

資料　6-5　　後期における図書館利用状況　S13～18年度				
年度別	開館日数	利用者数	利用冊数	（内館外帯出）
昭和13年度	259	7,166	13,972	4,569
昭和14年度	283	7,044	20,254	7,593
昭和15年度	288	7,549	15,561	
昭和16年度	—	8,013	18,564	
昭和17年度	—	10,057	26,979	
昭和18年度	—	4,649	13,889	

＊昭和15年度以降は年報による

昭和13年度学年別利用状況		
学年別	利用人数	利用冊数
4年級	1,040	1,916
3年級	1,145	2,472
2年級	1,443	2,884
1年級	2,828	5,318
合計	6,456	12,590

資料　6-6　　昭和18年度下半期閲覧統計表　　昭和18年10月－19年3月

日本十進分類法による区分

分野別利用冊数		教職員（館外）	学生（館内）	一般（館外）	合計	内訳　冊数	
	利用者数	524人	1,639人	55人	2,218人	和漢書	洋書
0	総記	140	254	5	399	382	17
1	哲学・宗教	230	295	10	535	511	24
2	歴史	195	392	12	599	576	23
	地誌	103	217		320	304	16
3	政治・軍事	179	217		396	384	12
	法律	56	112		168	162	6
	経済・財政・統計	165	189	2	356	342	14
	社会	56	62	3	121	116	5
	教育・風俗	59	77	1	137	133	4
4	自然科学	32	100	5	137	131	6
5	工学	3	19		22	20	2
6	産業	70	60		130	129	1
	商業・交通・通信	48	108		156	132	24
7	芸術	27	94		121	115	6
8	語学	61	103	3	167	164	3
9	文学	621	1,359	72	2,052	2,026	26
	新聞・雑誌	184	635	18	837	829	8
合　計		2,229	4,293	131	6,653	6,456	197

資料 6-7　東亜同文書院図書館学生分野別利用状況

年度別	利用の多い分野順位　トップ5位						＊歴史と地理を合算済			
	1位	%	2位	%	3位	%	4位	%	5位	%
大正11年度上半期	文学・語学	34	経済・商業・**社会**	24	哲学・宗教・教育	11	歴史・地理	10	新聞・雑誌	9
大正11年度下半期	文学・語学	26	経済・商業	16	哲学・宗教・教育	14	歴史・地理	14	法律・外交・**社会**	9
大正12年度	文学・語学	28	歴史・地理・紀行	18	経済・商業	13	哲学・宗教・教育	12	法律・政治・外交・社会	11
大正13年度	経済・商業	24	文学・語学	22	法律・政治・外交・社会	11	哲学・宗教・教育	11	歴史・地理・紀行	11
大正14年度下半期	文学・語学	23	新聞・雑誌	21	経済・商業	19	法律・政治・外交・社会	12	歴史・地理・紀行	9
大正15年度	文学・語学	24	経済・商業・交通・会計	16	新聞・雑誌	14	歴史・地理・紀行	13	法律・政治・外交・社会	9
昭和6年度	文学・語学	26	法律・政治・外交・社会	20	経済・商業・交通・会計	19	叢書・雑書	8	歴史・地理・紀行	7
昭和7年度	文学・語学	27	経済・商業・交通・会計	21	法律・政治・外交・社会	18	哲学・宗教・教育	8	歴史・地理・紀行	5
昭和8年度　上半期	文学・語学	32	法律・政治・外交・社会	16	経済・商業・交通・会計	14	哲学・宗教・教育・芸術	14	歴史・地理・紀行	8
昭和9年度	文学・語学	36	経済・商業・交通・会計	17	法律・政治・外交・社会	14	哲学・宗教・教育・芸術	10	歴史・地理・紀行	7
昭和10年度	文学・語学	32	経済・商業・交通・会計	17	法律・政治・外交・社会	14	哲学・宗教・教育・芸術	11	歴史・地理・紀行	8
昭和11年度	文学・語学	32	法律・政治・外交・社会	18	経済・商業・交通・会計	15	哲学・宗教・教育・芸術	12	雑誌・新聞	9
昭和18年度下半期	文学・語学	33	歴史・地理・紀行	14	新聞・雑誌	13	哲学・宗教・教育・芸術	12	経済・商業・交通・会計	8

＊S18は職員込み

資料6-8	まとめ　東亜同文書院図書館　　閲覧データ一覧表						
各年度別閲覧状況	開館日	教職員閲覧者	学生閲覧者数	一般者数	教職員閲覧冊数	学生閲覧冊数	その他注記事項
大正11年度下半期	—	216	2,348	?	668	5453	
大正12年度	上半期183	492	4,519	?	1,666	10,340	学生1～4年級＋中華学生（119人388冊）利用者は年間
大正13年度	—	281	5,931	?	1,973	15,022	学生1～4年級＋中華学生（557人1749冊）
大正14年度	—	154	917	?	4,235	8,931	同上　中華学生353人830冊
大正15年度	—	243	5,941	?	1,309	13,402	同上　中華学生643人、1,543冊
昭和2年度	284	3,960		?	10,186		
昭和3年度	—	539	1,901	?	6,317	12,953	詳細データ無し
昭和4年度	—	—	7,552		—	15,778	創立三十周年記念による
昭和5年度	図書館データ無し						
昭和6年度	—	714	4,817	?	1,728	10,214	1～4年級＋中華学生521人、1079冊
昭和7年度	272	922	5,178	?	1,943	10,513	同上　中華学生230人、512冊
昭和8年度	288	6,664		?	14,570		上半期のデータあり　中華生52人143冊
昭和9年度	285	1,079	5,512	11	2,417	12,664	1～4年級のみ　中華生いない
昭和10年度	292	936	5,777	5	2,131	13,059	同上
昭和11年度	288	1,177	6,153	5	2,814	13,929	同上
昭和12年度	227	5,514		6	5,536		8/10上海事変の為閉鎖、上海自然科学研に避難、10/18 長崎仮校舎、同25日開館
昭和13年度	259	677	6,456	33	1,382	12,590	内館外は職員1,382冊、学生3,200冊
昭和14年度	283	787	5,600	657	20,254		内館外は和漢書7,289冊、洋書304冊
昭和15年度	288	7,549			15,561		年報による
昭和16年度	—	8,013			18,564		年報による
昭和17年度		10,057			26,979		年報による
昭和18年度		4,649		55	13,889		他に学外者131冊館外貸出。学部生1～3、予科生1,2年
昭和19年度	データ無し						学部生509人の内、82%が入営応召、在籍者数1,119人中608人となる
昭和20年度	データ無し						309名募集したが内地からは渡航不可、富山県呉羽で学ぶ

圖書館規則

昭和十四年四月改正

第一條　東亞同文書院圖書館ハ圖書ノ蒐集管理及閲覽ニ關スル事務ヲ處理ス

第二條　本館ノ管理スル圖書ヲ分チテ左ノ三種トス

第一種　特種圖書（貴重圖書禁止本等）

第二種　普通圖書

第三種　新聞雜誌其館定期刊行物

第三條　第一種圖書ハ本院教職員及圖書館主任ノ許可ヲ得タル者ニ限リ之ヲ閲覽スルコトヲ得

第四條　第二種圖書第三種圖書ハ本院教職員學生生徒及圖書館主任ノ許可ヲ得タル者ニ限リ之ヲ閲
トヲ得

第五條　圖書ノ出納ハ本館係員之ヲ行フ

第六條　本院教職員及圖書館主任ノ許可ヲ得タル者ハ書庫ニ入リ圖書ノ檢索ヲナスコトヲ得

第七條　圖書ノ閲覽ハ閲覽室ニ於テ之ヲナスモノトス

第八條　閲覽室ノ開閉ハ左ノ如シ

平日	自午前八時	午后十時迄但土曜午後九時迄
日曜及祝祭休日	自午前九時	夕食時迄
夏季休暇中	自午前八時	正午迄
冬季休暇中	自午前八時	夕食時迄

但開閉時刻ハ事宜ニヨリ之ヲ變更スルコトアルヘシ

第九條　圖書閲覽者ハ館內ニ揭クル閲覽者心得ヲ遵守スヘシ

第十條　本院學生生徒ハ館外帶出日ニ於テ圖書閲覽券ヲ本館係員ニ呈出シテ圖書ヲ館外ニ帶出スル
學生生徒ノ館外帶出借覽ハ三册以內次ノ帶出日迄トス　但シ次ノ帶出日祝祭休日ニ當ルト
ノ帶出日迄其期間ヲ延長スルモノトス

第十一條　學生生徒ノ館外帶出日ハ別ニ之ヲ定ム

第十二條　圖書閲覽券ハ每學年度始ニ於テ學生生徒ニ之ヲ交付ス

圖書閲覽券ハ之ヲ他人ニ貸與スルコトヲ得ス

圖書閲覽券ヲ紛失シタルトキハ遲滯ナク本館ニ屆出ツヘシ

第十三條　閲覽圖書册數ハ凡テ洋裝ヲ以テ之ヲ定メ和漢裝ノモノハ五册ヲ以テ洋裝一册ト做ス

第十四條　本院教職員ハ圖書ヲ館外ニ帶出スルコトヲ得教職員ノ館外帶出ハ一人二十册六十日ヲ限度

該圖書ニ對スル閲覧希望者競合スル場合ニ於テハ圖書館主任ハ一週間以内ニ之カ返納ヲ求アルヘシ

特別ノ事情ニヨリ前項ノ制限ヲ超過セントスル場合ニハ圖書館主任ノ許可ヲ受クルコトヲ

第十五條　第一種圖書　辭書類　統計類　新着定期刊行物其他本館ニ於テ不斷ニ備付ヲ必要ト認ムル

外帶出ヲ許サス

第十六條　帶出中ノ圖書ヲ携帶旅行セントスルトキハ圖書館主任ノ許可ヲ受クヘシ

第十七條　帶出圖書ハ之ヲ他人ニ轉貸スルコトヲ得ス

第十八條　圖書ヲ毀損汚染又ハ紛失セル場合ニハ相當ノ賠償ヲナサシムヘシ

第十九條　本規定ニ違反シタル者ニハ爾後圖書ノ閲覧ヲ許可セサルコトアルヘシ

昭和十四年四月十九日

館内閲覧心得

一、靜肅ヲ旨トスヘシ

一、服裝ヲ整フヘシ

一、濫ニ事務室ニ立入ルヘカラス

一、圖書ヲ閲覧セントスル場合ニハ本館備付ノ閲覧用紙ニ所定ノ記入ヲナシ圖書閲覧劵ヲ添ヘテ圖書館係出スヘシ

一、閲覧圖書ハ一時ニ三冊ヲ超ユルヲ許サス

一、雜誌閲覧室備付ノ刊行物ハ室外帶出ヲ許サス

一、本館係員ノ指示ハ之ヲ尊重スヘシ

資料　8-1　　学外からの講演者数		大正13-昭和１１年度	昭和13年－18年度
中国人	教育者	11	
	企業	1	
	政府関係	2	2
日本人	教育者	21	14
	企業	10	2
	政府関係	27	7
	軍関係	7	7
	その他		1
西洋人	教育者	4	
	政府関係	3	1
	企業	1	
合計		**87**	**34**

学外からの講演者		昭和１3年－１8年度
中国人	政府関係	2
日本人	教育者	14
	企業	2
	政府関係	7
	軍関係	7
	その他	1
西洋人	政府関係	1
合計		**34**

資料8－2　審院を見学した学外団体・個人訪問者（大正13年～昭和18年度）

訪問者		大正13年～昭和11年度		昭和13年～18年度	
	種別	件数	人数	件数	人数
1	学校関係者（大学・高校・中学・小学・農林学校・外国語学校・音楽学校・海軍学校・〇〇教育視察団等）	114	3,007	2	19
2	企業関係者（企業各社・新聞各社・満鉄・銀行・商工会・電信局・紡績・製鉄所・汽船・実業観光団	31	1,270	4	13
3	政府・議員・公共団体（外務省・文部省・満州国民政府・〇〇総領事・〇〇総督府・政友会・民政党・同文会・同仁会・支那視察団・日露協会・県参事会・日華学会等）	39	648	12	140
4	軍関係（海軍・陸軍・陸戦隊・〇〇派遣軍等）	40	1,820	2	4
5	その他の団体（日本少年団・僧侶・〇〇倶楽部等）	11	363	0	0
	合計	235	7,108	20	176

＊ただし昭和5年度、8年度（下半期）、昭和12年度は欠、19年度20年度は記載なし

資料 8-3　学外の講演者及び見学者

年度	招聘した講演者	学外からの見学者　『事業報告書』一般概況又は行事摘録から抜粋
大正12年度		3月　山内督学官来院、一般を視察
大正13年度	7月　インド詩聖タゴール博士講演（大学史）	大正13年5月26日　研究部主催図書館にて貨幣展覧会開催、参加者多数。 夏に研究調査のため訪問者20名（調査機関員1，学生18名、公共団体1名）及び一般参加者384名（新聞記者3、学者教育家29名、中学程度80名、大学専門学校生190、女学校40，支那人3，支那男学生14、支那女学生6、その他19）の訪問があった。 3月　外務省小川理事官来院
大正14年度	11月　佐原篤介講演	4月　同文会監事森村開作来参 6月　櫻木俊一・田邊輝雄・柏田忠一・西本省三来館、東本願寺慰問使成瀬賢雄 10月　同文会理事一宮房次郎 11月　慶応大塾長林毅陸博士、連盟協会学生支部設立のため来院、代議士中野正剛、同文会理事大内暢三 1月　矢野督学官 2月　長岡子爵・森村開作来院 3月　大内理事
大正15年度	5月　織田萬博士の国際司法裁判所に関する講演 6月　大阪毎日記者加藤直士講演 1月　貴族院議員鎌田栄吉の南洋視察報告 3月　土井伊八の講演	4月　同仁会長内田康哉・副会長江口定條一行 5月　大内理事院務状況視察 6月　参謀本部荒木少将と北京公使館附本庄少将来参 7月　海軍士官候補生山階宮萩麿王殿下・一般候補生と共に来参（副院長） 9月　木村外務事務官院内及び土地買収計画の視察 10月　近衛文麿院長・一宮理事・横矢同伴の上構内各部巡視、砲兵大佐植村東彦・航空兵大佐堀丈夫・満鉄地方部長築島信司等来観 11月　同文会相談役清浦奎吾、江漢高級中学斎藤重保来院、外務省条約局佐分利貞夫来院 12月　外務理事官田中真吾・酒井英之、第一遣外艦隊司令官荒城海軍少将来参

年度	招聘した講演者	学外からの見学者　『事業報告書』一般概況又は行事摘録から抜粋
昭和2年度	10月　大阪府社会科顧問牧野虎二郎の荒尾精に関する講演 12月12日から4日間、胡適博士の特別講義（最近三3百年の四大思想家）、 1/5　京都帝国大学教授矢野仁一、1週間毎日特別講義開催及び研究部の依頼で講演（外交より見たる支那近世史） 1/13　矢野博士「近代蒙古の話」の講演 2/20　吉田広島高等師範学校長の講演	**上半期は来館者記録なし** **10月**　森田衆議院議長他衆議院議員支那視察団一行、参謀本部竹下少佐、騎兵第十五連隊長飯島大佐、台湾総督府事務官諸氏来参者多し、松山高等商業学校佐伯教授・愛知医科大学出射教授、東亜高等予備学校学監三輪田輪三、日華学会北京出張員高橋君平 **11月**　理学博士今村明恒、日本新聞連合社理事伊達源一郎、砲兵少佐安藤六郎、名古屋商業会議所書記長三浦一、陸軍中尉井戸川辰三、外務省情報部若杉要、東京帝大名誉教授田代義徳博士等 **12月**　正金銀行上海支店藤谷、東亜工業小林技師、北京駐在砲兵大佐多田駿、南支那視察団各県師範学校長10名 **12月26日**　研究部主催中国国民党宣伝物の展示会を図書館にて開催、中国人の参加者80名あり。関西学院高等商業部学生14名と教授池口信行氏引率来院本院寄宿舎に宿泊す **1月**　海軍中尉戸上一郎、吉川漁夫、三輪経治、文化事業総委員瀬川浅之進、日本紡績同業会船津辰一郎、上海海務所土井政道他来訪名古屋覚王山横地全映、曹洞州山田爽風、第二高等学校長岡野義三郎訪問 **2月**　文部省督学官稲葉彦六氏を団長とした普通教育視察団10名、第一遣外艦隊宇川司令官、長谷川海軍大佐等.、吉田広島高等師範学校長、広島高等工業学校長川口虎雄氏ら教育視察団一行10名 **3月**　北海道支那視察団八木安太郎他14名、江漢高級中学校斎藤重保氏等
昭和3年度	年報による 4/26　上海法政大学教務長「桜桐蓀」の華語特別講義 5/3　商務印書館編訳所長「王雲五」の　華語特別講義 11/22-29　前上海特別市教育局長「保君建」華語特別講義 12月　殷汝耕講演（大学史） 12/10　嘉納治五郎の特別講義 12/14　床次竹次郎　特別講義 1/7-11　九州帝大　大島直治　倫理学特別講義 1/31　華童公学教員　王守先　華語特別講義	「事業報告書」所蔵なし

年度	招聘した講演者	学外からの見学者　『事業報告書』一般概況又は行事摘録から抜粋
昭和4年度	4月　女子大学教授生江孝之講演、陳彬蘇の華語特別講義、米人連合協会監督ラコツクの講義、国際労働会議代表松岡駒吉講演、ハーバード大ウイルソン教授特別講義 5月　領事林田賢次郎講演、陳彬蘇の華語特別講義、同文会相談役犬飼毅・評議員頭山満講演 6月　チャイニーズレコーダー主筆ローリンソン講演 9月　一週間上海在住加藤副商務官特別講義、吉田三菱支店長特別講義、米里日清汽船支店長の講演、田辺日華紡績取締役特別講義 10月　上海中学校長鄭通和の華語特別講義 12月　長野朗の特別講義 2月　陳楽素の華語特別講義	**4月**　金沢医大笠森氏他4名、女子大教授生江孝之、奉天医大教授黒田源次郎学生2名引率同伴、上海居留民団学務主任4名、日露協会理事倉知鉄吉、関根斉一来院、長沙知事精谷慶二、万朝報記者、柘植大講師来院、九州帝大下田光造、文部省在外研究員彦根高商教授鈴木、広島文理科大正木来院、満州教育専門学校堀越教授、他学生30名、大阪府岩埼他3名、、男爵川崎、熊沢海軍中佐、原田少佐来院 **5月**　和歌山県教育会富田他12名、京阪商業生徒50名、外務省岩村書記来院、名古屋高商教授山崎、他6名、、長崎県知事諫早中学生徒70名を山本教授引率、満鉄江藤夏雄、宮崎県都城商生徒40名青山教授引率、関東庁警察官24名、台北山口他6名・日本少年団渡欧団一行 **6月**　富山高等学校松岡教授、京大嘱託絹笠来院、朝鮮総督府脇谷博士来院、大阪府外事課石川、和歌山県特高課長松原来院、東京第一商業生徒80名と羽田校長引率、文部省渡辺治郎他11名来院、東大医学部学生5名来院寄宿舎に宿泊、満州医大教授安保審他2名、長崎高商13名1週間の予定で寄宿舎宿泊、奉天中学生30名・教師引率、新潟中学校長小林来院、高松高商学生3名教授引率本院宿、台北高商教授佐藤、日本大学新聞学界関谷他7名、愛知県教育視察員玉置他2名、大阪浪華高校生41名・三浦校長引率、大倉商業学生5名本院宿、大阪鳳中学生25名・教授引率、東大助教山羽理学博士、　横浜商工堀江教授他1名、南京師範陳教授来院、京都第一商業生30名・教授引率、神戸商業生徒12名大倉引率、大東文化学生10名・幹事峰間引率本院宿、神戸中学生30名・吉村教授引率、大阪外語学生12名・稲村教授引率、大阪鉄工所技師岡本、新潟燕三条中校長牛塚他2名 **7月**　大阪北野中学生18名木村引率、高津中生徒46名教授引率 **8月**　東工大奥田教授、芳沢公使者、新聞連合社長、大阪久野中10名＋職員2名、長崎高女宇野武男他2名、大阪市教育会学園長他15名、山口高等学校長疋田、東京高等師範石川教授、伏見商業生30名を山岡校長引率、横浜教育視察団長及び同商業学校長中川他4名 **9月**　慶応大学三辺教授、、貴族院議長山田憲一来院、東方文化委員会奥三吉 **2月**　本多侍従院内巡覧 下半期欠のため年報より

年度	招聘した講演者	学外からの見学者　　『事業報告書』一般概況又は行事摘録から抜粋
昭和6年度	4月　魯迅特別講演（大学史） 5月　五來欣造博士講演、山田純三郎講演 6月　坂西利八郎講演 11月　在華紡績連合会船津辰一郎講演 1月　九大高田教授特別講義	**4月**　賢南大学生１１名、鎮江中学生15名＋引率一名、名商工会議所、国際観光局上海出張所主任２名、京都帝大谷口学生・主事他２名、大谷派本願寺＋東大駒井教授、金沢商工会議所主催支那観光団会頭中島他８名、満州医大生１５名、名古屋中心の東海実業家観光団1,080名来院につき学生２２０名応援のため午後臨時休講、熊本県参事会議員６名、長春商業学校生５５名、小倉商業生徒６３名、同文会磯村事務員、大阪市会議員１０名、和歌山県教育委員視察団１３名、名古屋綿業統一通信社社長辻金他９名、京阪商業生３５名 **5月**　同文会理事長牧田武、佐賀県商工理事並多武他１１名、諫早中学生６５名、福岡商業生９０名、神戸市会議員１名、宇和島商生３５名、佐世保商生７０名、青島小児童７０名、九州西南学院生２０名、神戸参事会員福永他３名、大阪商業１０名、徳島市長他３名、東京文理科大学島田・松井教授、上海観測所窪田、有賀朝鮮殖産銀行清家他２０名、民政党代議士多田他５名と白井副領事、長崎県社会教育井上他３名、名古屋市会議員赤座他９名と日本陸戦隊員、政友会水野・守屋・横山他７名、安東中学生35名 **6月**　満鉄事務所長伊澤・宮本、香川県師範学校長近森他１５名、名古屋実業家１１名とOB佐藤、徳山商業学校生３３名、、撫順炭鉱有瀬他２５名、鈴木味の素稲毛来院 **7月**　柔道家徳三実他早大生１５名、香川県旭クラブ１６名、神戸商工薄井教授他学生１０名、京都同志社学生２１名、東京商科大教授学生１０名、大分高商教授と学生４名、横浜高商教授他５名、東京商科大学生１５名、明治学院片岡先生他学生１５名、大阪外語吉野教授他２３名、東京成城高校高松先生他７名、大阪府立高津中石井先生他学生１５名、東京二松学舎生徒５名、京都第２商学菊川教授他生徒３２名、大連汽船会社岡他５名、東工大狩野先生他１５名、宮崎高等農林学校重松、小樽高商１５名+久保田教授 **8月**　名古屋市立工芸学校木下教諭、大阪市教育会長尾他１０名、東京商大学生１５名宿泊5泊、滋賀県八幡商業学校寺和教諭他学生７名、神戸高商鈴木教諭他学生１３名、福岡高井上教授、大阪東商業学校林教諭他学生１０名、愛知県西尾〇糸学校木村教諭他生徒４名、彦根高商安部教授他学生４名、山口高商大木教授・岐阜高等農林井上教授、東京帝大江口書記官、鹿児島中学鈴木教諭・金沢高工広瀬教授、盛岡市鮮満支那教育視察団下杉他１１名、福岡高等学校井上教授、大東文化学院内堀教授他学生９名、慶応義塾大学生松本二郎他５名、東京音楽学校長乗杉他５名 **9月**　鳥取高等農林学校猪股教授、京都帝国大大野教授、大連商業学校生徒１３０名、同仁会理事小野他２名、大連育成学校生徒４０名 **10月～1月**　外務省嘱託安藤氏来院、外務省田村理事官、民政党代議士添田敬一郎他１名、住友製鉄所田中常務取締役

年度	招聘した講演者	学外からの見学者　『事業報告書』一般概況又は行事摘録から抜粋
昭和7年度	5月　外務省嘱託中山優講演 10月　須磨一等書記官講演、石射上海総領事（書院出身者）の講演 公使館付き陸軍駐在武官平田中佐講演 2月　須磨一等書記官講演	**4月**　民政党代議士松本忠雄、上海派遣軍司令部付高級通訳清水董三、一宮同文会理事、佐世保〇〇人事課長 **5月**　青柳工兵中佐・山口砲兵大尉来参、衆議院議員高田耘平、歩兵少佐川並密、歩兵第70連隊大隊長長田少佐以下6名来参、高級副官猪鹿倉中佐・井上中佐他1名、会計検査院・上海総領事館・副領事、上海派遣軍小林少佐・通訳官清水董三、陸軍省軍治調査委員佐藤 、 **6月**　上海自然科学研横田所長・岡田研究員、奉天郵便局長岐部、台北帝大杉本教授他4名、福島県会議員井上茂作他4名、外務省文化事業部岩村・東京帝大塩谷教授他数名、軍司令部生田中佐・宮脇・平田少佐、満鉄社員河合光栄 **7月**　台北高商佐藤教授引率学生12名、上海大康紗廠（さしょう）長吉村、イタリア一等書記官ビー・ロス研究部に来訪（小竹）、満鮮支那教育視察団13名、日華学会砂田実常務（和田院長代理）、奉天医科大学橋本教授、陸戦隊将校1名と兵約70名、陸戦隊山田兵曹以下70名来参 **8月**　新潟高校潮田教授、相馬子爵及び上海特別陸戦隊鮫島大佐令息、大阪商科大学前田他6名、矢野代理公使家族同伴、立命館大学黒岩教授他学生13名、陸戦隊大隊長川島良雄大尉 **9月**　陸戦隊100名を中隊長引率、豊田紡績及び内外綿会社に駐屯中の陸戦隊約100名来参、新任公使館一等書記官須磨弥吉、岩松大佐・下志津飛行学校教官服部少佐、新任石射上海総領事館、陸戦隊渡辺中尉以下兵員23名、陸軍武官今井武夫大佐 **10月**　領事館赤木事務官の案内で大審院検事古田正武・日本領事館警察部長纐纈彌三、第15駆逐艦将校引率海兵約100名来参 **11月**　陸戦隊第4大隊小林中尉以下兵20名来参、上海特別市政府公用局長他23名、伊藤洋行大山捷男、外務省東方事業部第2課長江戸 **12月**　陸戦隊将兵約50名来参、水月倶楽部駐屯陸戦隊120名来参、練習艦隊磐手八雲乗組み候補生174名来参上海自然科学研究所所員大内義郎・東京帝大柴田教授・片山博士 **1月**　文部書記官兼外務書記官服部纉・台北高校中野賢作教授 **3月**　第三艦隊参謀少佐森田定二・出雲機関長少佐佐藤明治郎・造兵少佐伊藤忠秀、上海自然科学研究所清水、大阪朝日通信局木木、出雲艦長海軍大佐中村重一他2名、職員倶楽部から招待大阪毎日・大阪朝日支局長・上海日報・上海毎日・上海日日・江南正報の各社長・日本電報通信社支局長7名参加、同文会理事柏原文太郎、台湾総督府教育局赤堀他2名

<table>
<tr><th>年度</th><th>招聘した講演者</th><th>学外からの見学者　　『事業報告書』一般概況又は行事摘録から抜粋</th></tr>
<tr><td>昭和8年度上</td><td>4月　前外務大臣芳澤謙吉講演、英語研究会主催でモルガン博士招聘講演会

5月　法学博士乾精末講演、来滬中の侍従武官出光海軍少将の講和

6月　上海陸戦隊司令官杉坂少佐講演、山田純三郎講演</td><td>4月　外務事務次官佐伯敬嗣

5月　第27駆逐艦主計長海軍主計大尉松本来院、第三艦隊将校10名が研究部・図書館・物産館及び第6教室にて坂本助教の支那語見学、第三艦隊海軍将校8名支那語会話の授業参観後、研究部・図書館などを見学、大日本紡績株式会社畠佐十郎案内青島小職員生徒30名

6月　海軍兵曹長後藤三之助引率豊田紡績駐屯兵63名、内外綿会・水月倶楽部駐屯陸戦隊将兵104名来院・参観、上海日本総領事館勤務安田謙太郎他5名、海軍省建築局長技師前田與市他3名が陸戦隊角田中佐の案内で来院参観、早稲田大学野球部員22名寺澤部長引率来院参観、上海絹糸紡績株式会社有田主任物産館に寄贈あり

7月　貴族院議員大河内輝耕・子爵土方寧・田中徳兵衛・岡本乙一の案内にて参観（小崎院長代理）、大阪外国語学校生22名吉野教授引率（久保田・小竹・影山応対）

8月　外務事務官岸偉一他1名、東京商大学生（南寮に泊、人数？）、関西大学野球部監督金政他部員十数名、公使館一等書記官有野学、ﾒﾀﾞﾝ駐在領事内籐啓三</td></tr>
</table>

年度	招聘した講演者	学外からの見学者　　　　『事業報告書』一般概況又は行事摘録から抜粋
昭和9年度	4月　上海日本電信局長嬉野講演会、太平洋調査会総理事米人カーター講演 5月　海軍記念日に上海陸戦隊安田講演 6月　公使館河合書記官講演 9月　代議士小谷節夫講演、 10月　貴族院議員坂西中将講演 11月　陳彬穌の支那語講演、川島公使の講演、上海三菱銀行吉田政治講演 12月　京都臨済大学学長後藤瑞巖講演、学生基督青年会主催エヅラの英語講演会、海軍協会副会長飯島中将・同会理事高橋少将講演 1月　国民政府財政部顧問イーカンの講演 2月　満州国鄭総理大臣秘書彭壽講演、公使館有野書記官講演	**4月**　新京商業学校生徒73名池谷教諭他1名引率、横浜市株式会社綿井商店綿井氏他数名 **5月**　陸戦隊員40名来院参観、上海西部日本小学校鷲田校長引率生徒180名、南京政府から派遣で周憲文（中華部卒）、同窓生哈爾浜宗像金吾・満鉄地方部商工課星野・同社経済調査会高森 **6月**　満州事情案内所奥村義信・満鉄嘱託東福清次郎、春日艦長海軍航海学校教頭丹下大佐梶岡中佐他将校学生30名、軍艦春日副長松原中佐・海軍航海学校学生11名 **7月**　満州国民政部萬行為雄・佐藤慎一郎・東京市京橋区教育会長小坂梅吉他1名、天理外国語学校教授川内忠次郎・学生16名引率、台南州立嘉義中学校教諭田中恵一生徒21名 **8月**　陸軍歩兵大尉岡田芳政各部参観、公使館別府書記官 **9月**　駆逐艦機関長少佐長谷川英雄・同大尉座波、株式会社藤井商店藤井繁次郎、朝鮮銀行総裁加藤敬三郎・上海支店長服部他3名、海軍駐在武官主計山本亀次中佐・海軍医学校兼海軍大学教官柴田敏夫中佐 **10月**　満州医科大学教授久保久雄・長崎地方裁判所部長長谷川松太郎・同検事後藤英橘 **12月**　陸戦隊司令官荒木少将（馬場）、練習艦隊乗組候補生180名、士官50名来院参観（候補生として伏見宮殿下・朝香宮殿下）、八雲砲術長海軍少佐久邇宮朝融（くにのみやあさあきら）王殿下・中村司令官他10名将校来院（大内院長対応）研究部参観 **1月**　第三艦隊司令官百武中将他7名（馬場・久保田対応）、佐世保海軍経理部長武井大助・山本亀一郎（院長及び久保田幹事対応）、岩越大佐・宇宿主一少佐、北海道帝国大学教授小川敬次郎・同大学教授神田喜一郎・文部書記官中島〇円来院（馬場教頭代理）、京都市学事視察団団長・同市原政三他14名（馬場教頭代理）、外務省文化事業部理事官田村真吾・当地総領事館田端副領事来院新築寄宿舎・図書館・物産館を巡視 **2月**　海軍大尉喜多山三郎他30名兵員引率、海軍曹長中村登兵員30名引率、外務省田村理事寄宿舎視察、京城覆審法院検事福田甚二郎・群馬県県会議員籃原和十郎・桐生繊維同業組合会長彦部駒雄他13名、大阪控訴院検事長吉益俊次・福岡地方裁判所検事正猪俣治六（馬場）

年度	招聘した講演者	学外からの見学者　『事業報告書』一般概況又は行事摘録から抜粋
昭和10年度	4月　済南領事西田耗一講演、満州国参議矢田七太郎講演 5月　同文会理事貴族院議員赤池講演、国際協会理事田川大吉郎講演、上海日報社長波多博講演、海軍記念日に菊池豊吉中佐講演 6月　外務参与官松本が学生と昼食後講演し構内を見学 9月　山田純三郎連続講義 10月　第二回山田純三郎連続講義 11月　山田純三郎特別講義 12月　山田純三郎特別講義、京都帝大作田荘一教授特別講義 1月　山田純三郎特別講義 2月　雑誌改造社長山本実彦講演	**4月**　済南総領事西田耗一来院、満州医科大学生修学旅行団14名久保久雄引率、江漢中学生2名山崎助教授引率、貴族院議員で同文会理事赤池濃来館（大内院長） **5月**　東北帝大法文学部高橋穣教授、岩波書店主岩波茂雄欧州視察の途次来参、関西九州各県実業視察団団長松本他40名、三菱商事会社新支店長田中勘次郎・旧支店長近藤重治来院、青島市日本小学生生徒40名を鶴田教諭引率、、三井物産上海支店木塚の案内で東京火災保険会社副社長南莞爾・志津野真二・同社東洋課長安川正彦来院物産館など参観 **6月**　妙心寺伊藤の案内で来滬中の僧侶10名見学（山田・小竹）、松本外務参与官、岡田外務省文化事業部長、兵庫県教育視察団団長賀須井千以下10名、陸戦隊将兵80名 **7月**　外務省条約第2課長松本俊一・副領事生田一雄、東京府立高校寺田范三教授・和歌山高等商業金持一郎（鈴木教授）、日本医科大学学生井上達也・小田桐禎哉（鈴木教授）、司法書記官下村三郎及び上海総領事館員小林舜二、大使館一等書記官峰谷輝夫と京都高等蠶絲（サンシ）学校教授文部省視察員吉村武三吉爾（鈴木院長代理）、日本商業学校長岡本均一 **8月**　立教大学学生10名、陸軍士官学校教官太田重雄、上海泰和銀公司浅井嘉徳、明大商学部神戸英夫、慶応大学望月、福善次郎他6名、大阪武田長兵衛商店専務竹田義蔵と店員張徳周、総領事館西尾清、日本大学中学校野尻太郎教諭、東京市常盤尋常小学校竹尾弥二教諭、東京音楽学校広瀬了義 **9月**　大阪毎日新聞社エチオピア特派員庄子勇之助・同国訪日特使ダバビルウ同伴来院、満洲中央銀行阪谷希一同行鈴木謙則課長及び野副重勝 **10月**　名古屋第三商業学校長古川千里、三菱商事会社上海支店長田中勘次就職の件で、外務省文化事業部林第一課長各部参観、鉄道省運輸局旅客課長木村隆規、ホテル協会視察団員雲仙観光ホテル社長橋本喜造他数名、陸戦隊第四大隊将兵200名、軍艦磐手乗組員将校4名、株）安宅商会本房央来院（馬場） **11月**　若杉参事官、日本電報通信社主催支那経済視察団員数名（院長・教頭）、波蘭（ポーランド）公使館一等書記官木村惇（院長）、同文会理事牧田武（院長・鈴木学生監・久保田幹事）、陸軍中将橋本虎之介（久保田幹事）、陸戦隊海軍少尉板谷隆一（久保田）、日本大学教授圓谷弘・同大学講師岩村一夫（久保田）、宇部礦業kk中尾謹次郎取締役・日本鉱業保田取締役保田宗次郎他3名、南満州教育視察団岡野惣平他2名、東京高等師範学校佐藤保太郎教授 **12月**　第三艦隊第五水雷戦隊司令官細萱戊子郎、満鉄上海事務所長土肥、上海居留民団長甘濃・杉本・松永、九州帝大米山国蔵教授以下3名 **1月**　東京朝日新聞論説委員大西斎、中野正剛と外務省嘱託中山優他数名、満州国国民政部総務司高野藤太郎、大使館付武官補佐官宇都宮直賢、満鉄本社人事課小森豊陸・伊藤豊政・小島一雄と地方部工務課島田吉郎他を上海事務所勝谷史朗案内（院長）、海軍司法事務官兼法務官岡村贊二、当地総領事館橋爪欣三の案内で満州国民政部総務司長清水良策と事務官福地家久（馬場）、高橋昇他1名（院長）、アフガニスタン派遣留日学生6名が総領事橋爪書記生・坂本義孝案内 **2月**　軍艦勢田艦長海軍中佐吉見信一他4名、日本少年団員100名・松本団長引率昼食後靖亜神社参拝、中国側文化機関と本院支那研究部との第2回会談し食後に構内参観、近衛子爵、徐家滙警察署長易恭定 **3月**　卒業式祝辞は有田駐支大使・上海市長呉鉄城・石射総領事の3名、満鉄計画部業務課中山国男、日本基督教青年会総主事斎藤惣一、外務省文化事業部宮崎第二課長は総領事館橋爪書記生案内（院長・小崎教授）各部参観

年度	招聘した講演者	学外からの見学者　　　『事業報告書』一般概況又は行事摘録から抜粋
昭和11年度	4月　山田純三郎特別講演 5月　法学博士信夫淳平講演 12月　来滬中の神田正雄の講演 1/15～20　東京帝国大立作太郎博士特別講義	**4月**　京都帝大助教渡辺庸一郎ドイツ留学の途次来館参観（院長）、京都帝大書記官岩與詳・同水谷義雄（馬場教頭）、練習艦隊司令官吉田中将他数名参観（院長・教頭）、練習艦隊海軍少尉候補生約100名を八雲砲術長少佐寺崎引率、練習艦隊乗組候補生約100名学生と挨拶交換後構内参観、国際労働総会政府代表顧問清水虎雄他十数名来参、長崎県学務部上原参良（馬場）、軍艦鳥羽艦長山代勝守他将校6名（岡山事務員）、国際県学務部長上原参良 **5月**　津田海軍中将（院長） **6月**　東京昭和第一商業学校旅行団山田一・中原龍蔵引率生徒50名（馬場）、東京私立京橋商業学校生徒30名青海川倉蔵・小倉総仁引率、工業新聞社主催視察団約20名（馬場教頭）、大阪帝大望月重雄他数名（馬場）、上海特別陸戦隊司令官近藤海軍少将他42名将校（馬場） **7月**　長崎高等商業学校伊藤基光教授引率学生6名（久重）、福島高等商業学校浜田教授引率学生2名、東京帝国大立作太郎教授他2名 **8月**　東北帝大岡崎文夫教授、新任福井首席領事・橋爪書記生同伴来参 **9月**　同文会理事井上雅二南洋視察の途次来院、南満鉄kk理事山崎元幹夫妻・同社上海事務所長土肥案内来参 **10月**　貴族院台湾及南支方面視察団団長堀切善次郎他11名（馬場） **11月**　大分県教育視察団一行15名（林）、陸軍少将黒田周一引率福岡県在郷軍人会各地支部長22名（大内院長）、第三艦隊機関長竹岡健治大佐・鈴木常治・佐藤俊美・佐々木正雄の4名（院長）、上海総領事館勤務青柳・北村両領事と共に小倉数雄・唐津俊樹、第三艦隊司令長官川海軍中将は岡村副官帯同（院長・馬場）、海軍省保利軍医大佐は陸戦隊軍医長小川恂同伴（院長・久重） **12月**　第26駆逐艦指令佐金桝義夫中佐・相馬正平他将校15名（院長）、同乗組員将校10余名（院長）、米内山康夫（院長）、曁南（きなん）大学海外文化事業部員十数名 **1月**　大連昌光硝子KK牧浦他4名（久重）、改造社長山本実彦（院長）、（東京帝大立博士特別講義に）陸戦隊将校4名聴講、満洲国官吏中野四郎他7名及び実業部財政部等の上海駐在員5名院内参観（馬場教頭・小竹）、陸戦隊第一大隊長榊原憲三少佐他将校3名構内・物産館を参観 **2月**　上海海軍特別陸戦隊多田野・山内参謀来院、甘濃民団長（院長）、大使館一等書記官宮川船夫（院長）、領事加藤朔太郎他3名物産館その他を参観 **3月**　早大教授山本忠興他1名（院長）、上海滬江大学国際関係研究会員男女20名（久重・彭）、経済使節団員三菱商事会社相談役三宅川百太郎と同上海支店長田中勘次（院長）、経済使節団長児玉謙次・日華貿易協会理事油谷恭一（院長・久重・久保田）

年度	招聘した講演者	学外からの見学者　『事業報告書』一般概況又は行事摘録から抜粋
昭和13年度	6月　維新政府内政部長陳群講演 9月　同文会理事林毅陸講演、元本院教授植田捷雄講演会、北海道帝国大学井上喜十郎医学博士講演、大蔵省参事官中村三之亟講演 11月　総領事日高信六郎講演、工部局市政総務局長指宿秀彦講演会、上海商工会議所理事杉村広蔵経済学博士講演 12月　陸軍中将坂西利八郎講演、同文会理事井上雅二講演、京都帝国大学経済学博士谷口吉彦教授特別講義 3月　海洋少年団総長竹下大将講演	**4月**　大使館森島参事官・河原書記官・吉岡領事・津田同文会理事構内巡視（院長案内） **5月**　文部省池崎参事官一行5名が総領事館前島書記生案内で来参（院長） **6月**　外務省文化事業部宮崎課長及び渡辺嘱託 **8月**　東京帝大教授蝋山及び河野大議他4名（小崎院長代理） **9月**　伊藤洋行大山支店長来院、大使館清水書記官・津田同文会理事、中支同仁会防疫本部谷口博士他6名（中内学生監）、住友洋行支配人富岡末雄他1名来院、（院長・馬場）、同盟通信支社長松本案内貴族院議員樺山資英と事務嘱託小野田（院長） **10月**　住友洋行支配人富岡末雄他2名 **11月**　近衛文隆・細川護貞・松崎海軍少将・建国大学教授中山優、同文会理事井上雅二 **12月**　愛国銃後会本部より従軍映画撮影班数名来院学生生活や諸般の現況を撮影 **1月**　総領事館前島書記生案内で興亜院文化部長松村博士来院 **2月**　ポーランド公使峰谷輝雄・上海総領事前島書記生案内 **3月**　興亜院文化部第2課長多湖実夫来院
昭和14年度	5月　東京商科大学長上田貞次郎博士の講演、海軍記念日に中川海軍少佐講演 11月　支那研究部主催ドイツ大使館参事官コルト講演会 12月　元大蔵大臣石渡講演 2月　大使館書記官清水董三講演会・大阪朝日新聞社東亜部長神尾茂講演会、前文部大臣河原田稼吉講演	**9月**　柳川興亜院総務長官以下随員一行 **11月**　総領事館前島書記生案内・興亜院文化部第三課長林安他1名（院長・馬場） **1月**　大学昇格祭のため同文会近衛文麿会長代理として牧田武来院
昭和15年度	4月　支那研究部主催今中博士の講演会 5月　海軍記念日に朝日艦長松山大佐講演 11月　今中講師の特別講義 1月　上海市長陳公博講演 2月　神戸商大金田近二教授講演	**4月**　同文会理事一宮房治郎南京より来院 **1月**　外務省東亜局長山本熊一構内参観、日本学術振興会中支方面調査研究団飯島博士他7名

年度	招聘した講演者	学外からの見学者　『事業報告書』一般概況又は行事摘録から抜粋
昭和16年度	5月　神戸商業大学助教授新庄講演会	**8月**　興亜学生勤労報国団中支派遣隊員100余名・陸戦隊将校他関係者団長と文部省督学官経済学博士大畑文七引率、学生食堂で昼食後構内参観(久重学長代理) （10月　学生報国隊を結成、臨戦態勢に入る。勤労奉仕や軍事訓令多し）
昭和17年度	5月　海軍記念日に海軍武官府吉見大佐の講演 11月　滞滬中の間宮英宗禅師の講演、東京商大学長高瀬荘太郎講演、興亜同盟副総裁松井石根大将講演 12月　艦隊報道部鎌田海軍大佐講演	**12月**　中央海軍学校長姜西園・同校首席輔導官寺田海軍少将来院 第六師団長・参謀副官を伴い部隊宿営現場視察、軍隊の学内宿営について設営隊将校以下約１０名来院、第五○一五部隊主力学内に宿営、支那方面艦隊司令長官吉田海軍大将幕僚と共に来院（本間学監・久保田幹事）、第一八九五部隊宿営の為設営部隊約５０名到着、専門部校舎に軍隊約1,１００名宿営の報告あり
昭和18年度	4月　東京帝大法学教授田中耕太郎・鈴木武雄講演会 5月　艦隊司令部大橋大佐講演 3月　山田純三郎特別講演	**4月**　同文会理事長津田静枝(本間予科長) （８月　共同租界の中国返還、月給の一割を飛行機献納資金の一部に献金）

資料9-1　中期における年度別増加冊数（大正11年度 ～昭和12年度）

	増加図書	上半期	下半期	合計	蔵書数 蔵書冊数	蔵書数 創立三十周年記念東亜同文書院誌
大正11年度	和書			約 4,000	26,300	
	漢書			約 19,800		
	洋書			約 1,020	1,100	
	合計			約 24,820	27,400	
大正12年度	和書	495	364	859	33,104	
	漢書	480	166	646		
	洋書	236	15	251	1,329	
	合計	1211	545	1,756	34,443	
大正13年度	和書	2,653	821	3,474	36,588	
	漢書					
	洋書	289	680	969	2,298	
	合計	2,942	1,501	4,443	38,886	44,119
大正14年度	和書	1,074	1,465	2,539	39,127	
	漢書					
	洋書	230	32	262	2,560	
	合計	1,304	1,497	2,801	41,687	45,620
大正15年度	和書	1,794	225	2,019	43,055	
	漢書					
	洋書	213	32	245	3,568	
	合計	2,107	257	2,364	46,623	48,421
昭和2年度 開館日108日 ＋α	和書	2,888	367	3,255	46,310	
	漢書					
	洋書	262	625	887	4,455	
	合計	3,150	992	4,142	50,765	50,765
昭和3年度	和書	3,742	307	4,049	50,358	
	漢書					
	洋書	397	35	432	4,882	
	合計	4,139	342	4,481	55,240	55,246

資料9-2

中期における年度別　増加冊数（昭和4年度～12年度）

					蔵書数	
	増加図書	購入図書	寄贈図書	合計	蔵書冊数	創立三十周年記念東亜同文書院誌
昭和4年度	和書 漢書	1,908	304	2, 212	51,645	
	洋書	115	23	138	4,959	
	合計	2,023	327	2,350	56,604	57,596
昭和6年度	和書	495	364	859	15,215	
	漢書	480	166	646	42,664	
	洋書	236	15	251	5,530	
	合計	1,211	545	1,756	63,409	
昭和7年度	和書	892	150	1,042	17,609	
	漢書	758	0	758	45,438	
	洋書	366	16	382	6,294	
	合計	2,016	166	2,182	69,341	
昭和8年度 上半期のみ	和書	392	343	735	18,344	
	漢書	171	6	178	45,616	
	洋書	123	13	136	6,430	
	合計	686	363	1,049	70,390	
昭和9年度	和書	1,047	354	1,401	20,591	
	漢書	2,630	47	2,677	48,963	
	洋書	258	217	475	7,074	
	合計	3,935	618	4,553	76,628	
昭和10年度	和書	1,171	432	1,603	22,194	
	漢書	1,654	32	1,686	50,649	
	洋書	221	17	238	7,312	
	合計	3,046	481	3,527	80,155	
昭和11年度	和書	1,222	1649	2,871	24,133	
	漢書	934	194	1,128	51,777	
	洋書	781	21	802	8,114	
	合計	2,937	932	3,869	84,024	
昭和12年度	和書 漢書				4,730	
	洋書				644	
	合計	—	—	—	5,374	

資料9-3　後期における各年度増加冊数（昭和13年度～18年度）

年度	増加図書	購入図書	寄贈図書	合計	蔵書数 蔵書冊数
昭和13年度（開館日259日）	和書	812	6,280	7,092	10,928
	漢書	39	4,543	4,582	5,090
	洋書	453	1,283	1,736	2,276
	合計	1,304	12,106	13,410	18,294
昭和14年度（開館日283日）	和書	4,712	1,376	6,088	17,016
	漢書	15,540	5,932	21,472	26,562
	洋書	1,935	234	2,169	4,445
	合計	22,187	7,542	29,729	48,023
昭和15年度	和書	3,554	766	4,320	21,336
	漢書	26,280	108	26,388	52,950
	洋書	1,880	148	2,028	6,473
	合計	31,714	1,022	32,736	80,759
昭和16年度	和書	2,390	216	2,606	23,942
	漢書	15,722	15	15,737	68,687
	洋書	2,105	179	2,284	8,757
	合計	20,217	410	20,627	101,386
昭和17年度	和書	2,800	1,621	4,421	28,363
	漢書	1,100	1,995	3,095	72,782
	洋書	1,213	27	1,240	9,977
	合計	5,113	3,643	8,756	111,122
昭和18年度	和書	1,589	178	1,767	30,130
	漢書	1,623	18	1,641	74,423
	洋書	325	117	442	10,439
	合計	3,537	313	3,850	114,992

資料9-4

東亜同文書院大学　年度別購入図書冊数一覧

年度	和書	漢書	洋書	合計
昭和13年度　上半期	183	29	386	**598**
下半期	629	10	67	**706**
合計	812	39	453	**1,304**
昭和14年度　上半期	3,359	932	340	**4,631**
下半期	1,353	14,608	1,595	**17,556**
合計	4,712	15,540	1,935	**22,187**
昭和15年度　上半期	2,211	13,932	1,558	**17,701**
下半期	1,343	12,348	322	**14,013**
合計	3,554	26,280	1,880	**31,714**
昭和16年度　上半期	1,131	15,688	1,089	**17,908**
下半期	1,259	34	1,016	**2,309**
合計	2,390	15,722	2,105	**20,217**
昭和17年度　上半期	1,350	1,059	677	**3,086**
下半期	1,450	41	536	**2,027**
合計	2,800	1,100	1,213	**5,113**
昭和18年度　上半期	539	794	162	**1,495**
下半期	1,050	829	163	**2,042**
合計	1,589	1,623	325	**3,537**

東亜同文書院大学　年度別寄贈図書冊数一覧

年度	和書	漢書	洋書	合計
昭和13年度　上半期	5,192	2,649	1,208	**9,049**
下半期	1,088	1,894	75	**3,057**
合計	6,280	4,543	1,283	**12,106**
昭和14年度　上半期	5,364	1,164	141	**6,669**
下半期	762	18	93	**873**
合計	6,126	1,182	234	**7,542**
昭和15年度　上半期	602	40	138	**780**
下半期	164	68	10	**242**
合計	766	108	148	**1,022**
昭和16年度　上半期	136	8	173	**317**
下半期	80	7	6	**93**
合計	216	15	179	**410**
昭和17年度　上半期	1,364	1,988	23	**3,375**
下半期	257	7	4	**268**
合計	1,621	1,995	27	**3,643**
昭和18年度　上半期	67	8	33	**108**
下半期	111	10	84	**205**
合計	178	18	117	**313**

資料10-1　　書院職員給与一覧

大正8年の書院の給与		大正9年書院給与改正
院長	1,500	3,000
教頭	1,800	2,700
教授	818	1,388
助教	450	900

大正9年公立学校俸給	
学校長	4500～2000
教授	3800～1600

大正15年京城帝国大学	本俸＋職務給
教授+学部長職務給	6,700円を超えない事
教授+講座職務給	5,700円を超えないこと
助教授+職務給	6,000円を超えない事
職務給	年間
学部長	1,200
学生監・図書館長	600
各講座	600円以上1,800円以下
助教授の職務給は年間300円以上900円以下とする	

資料10-2

昭和12年度の書院の給与 月額		年間給与
1. 俸給	教員　最高額　291.40円　　最低額117.60円	3,496.8　～1,411.2
	事務員　190円　～60円	2,280～720
2. 在外手当	俸給金100円以下の者は100分の50	
	俸給金100円以上の者は100円に対し100分の50	
	俸給金100円を超える金額に対しては100分の25	
3. 年功加俸	在職5年以上は月俸の半か月分	
	在職10年以上は月俸の1か月分	
	在職15年以上は月俸の1.5か月分	
	在職20年以上は月報の2か月分	
	ただし毎年6月と１２月の2回に分けて支給する。	

昭和15年度書院給与				
	A 教授	B教授	C教授	D教授
俸給月額	600.00	206.80	225.60	253.80
在外手当　月	600.00	76.70	81.40	88.45
臨時手当　月	＿	42.19	44.77	44.23
合計　月	1,200.00	325.69	351.77	386.48
年間給与	14,400.00	3,908.28	4,221.24	4,637.76

H　K　S　N

資料11

東亜同文書院資料一覧表 Ⅰ:予算・決算書関係　（予・決算書は東亜同文会が一括して外務省に報告）

年度	番号	タイトル	内容注記 1	内容注記 2	内容注記 3	内容注記 4	DBの番号・本学請求記号	DBのページ
明治33年度	1	本会収支精算報告書	第1期(4月-7月)	第2期(8月-11月)	第3期(12月－3月)		3-2476	0151
	2	本会事業概要	支那に於ける本会の事業	二. 南京同文書院			3-2476	0175
	3	南京同文書院章程(甲部は日本学生・乙部は清国学生)清国学生の章程は別に定める	日本学生は、政治科と商務科修学年は3年	前期は4月－11月	後期は12月－翌年3月	学資金は月20円、小遣支給	3-2476	0196
	4	外務省政務局長内田康哉宛	南京同文書院に就いて	明治33年9月21日			3-2476	
	5	南京同文書院開院式の件	外務大臣から上海総領事へ				3-2476	0228
明治34年度	6	本会収支精算報告書	明治34年4月より翌3月				3-2476	0216
	7	予算	東亜同文会34年度歳計概算				3-2476	0209
明治36年度	8	決算書	収支概要				3-2476	0292
	9	各部歳計収支予算					3-2476	
明治37年度	10	決算書					3-2476	0319
明治38年度	11	収支予算					3-2476	0250
	12	在上海東亜同文書院章程（明治38年10月改定）	学年は9月1日－翌8月末 政治科と商務科 修学年は3年	第1学期(9－12月) 第2学期(1－3月) 第3学期(4－6月)	学資金月20円、学生の小遣は、月墨銀3弗	倶楽部規則(三. 文庫規則：室外帯出禁止、一時に3部以上利用不可、開閉時間は、倶楽部と同じ午前6時から午後9時)	377.28：To12	

年度	番号	タイトル	内容注記 1	内容注記 2	内容注記 3	内容注記 4	DBの番号・本学請求記号	DBのページ
明治39年度	13	決算書	付録に書院の位置、建物、学生倶楽部の中に図書館、参考書、閲覧室、新聞縦覧室等説明あり				3-2476	0326
	14	予算						0311
	15	東亜同文書院章程・沿革	学年は9月1日ー翌8月末 政治科と商務科 修学年は3年	第1学期(9ー12月) 第2学期(1ー3月) 第3学期(4ー6月)	学資金は3ケ年900円と定め、便宜上月25円。小遣は、月墨銀3弗	倶楽部規則(部内に談話室2室、新聞縦覧室1室、文庫1室、図書閲覧室1室、学生応接所1室)、開館は午前6時-午後9時	5ー0046	0206
	16	清国上海高昌廟東亜同文書院図面					3-2476	0352
明治40年度	17	決算書	収支説明				3-2476	0364
明治41年度	18	決算書	収支説明				3-2476	
明治42年度	19	決算書	収支説明				3-2477	0076
	20	予算案					3-2477	
明治43年度	21	決算書	説明あり				3-2477	0141
	22	予算書					3-2477	
	23	在上海東亜同文書院一覧(章程) 明治43ー44年	学年は8月1日～翌年7月31日まで。 第10章:本院に年限2ヵ年の補習科を置く。ただし本院本科卒業生に限る。	1学期は9月ー12月 2学期は1月—3月 3学期は4月—6月	3ケ年の学資金は900円とし、便宜上月25円。 小遣は、月墨銀3弗	二. 文庫規則　図書は室外帯出禁止。一度に3部以上閲覧不可。開閉時間は午前6時ー午後11時まで。日曜祝日等は閉館	377.2:54ー2	
明治44年度	24	決算	収支説明				3-2477	0177
	25	予算					3-2477	0023
	26	予算案					3-2477	0009
大正元年度	27	決算	収支説明				3-2477	0388
	28	明治45年度予算	予算案あり				3-2477	0125

年度	番号	タイトル	内容注記 1	内容注記 2	内容注記 3	内容注記 4	DBの番号・本学請求記号	DBのページ
大正2年度	29	決算	収支説明				3-2478	0079
	30	予算					3-2477	0171
	31	東亜同文書院焼失の真情	同院監督　植野貞正 大正3年2月				5-1432	0007
	32	焼失損害報告					5-1432	0204
	33	在上海東亜同文書院章程 大正2年12月更訂	修学年限は3か年とする。学年は8月1日～翌年7月31日まで。 第9章：本院に年限2ヵ年の補習科を置く。ただし本院本科卒業生に限る。	1学期は、9月-12月 2学期は、1月-3月 3学期は、4月-6月	3ケ年の学資金は900円とし、便宜上月25円。小遣は、月墨銀3弗	二．文庫規則　図書は室外帯出禁止。一度に3部以上閲覧不可。開閉時間は午前6時－午後11時まで。日曜祝日等は閉館	3-2477	0185
大正3年度	34	決算	収支説明				3-2478	0133
	35	農工科設置に関する請願	外務省加藤高明宛　同文会会長鍋島直大 大正3年7月28日				3-2477	0324
大正4年度	36	決算	収支説明				3-2478	0168
	37	予算						0048
大正5年度	38	予算					3-2478	0117
	39	東亜同文会会則並事業提要甲號	大正5年11月				3-2478	0320
	40	東亜同文書院紀要	大正6年4月22日				3-2478	0177
大正6年度	41	東亜同文会事業拡張補助申請書	大正6年8月2日				3-2478	0192
大正7年度	42	東亜同文会事業拡張補助申請書					3-2478	0270 0397
	43	予算					3-2478	0213

年度	番号	タイトル	内容注記 1	内容注記 2	内容注記 3	内容注記 4	DBの番号・本学請求記号	DBのページ
大正7年度	44	命令書　外務大臣後藤新平 大正7年5月	東亜同文会の教育事業事業費として582,180円の補助を決定。 大正7年度～10年度にかけて	新たに3か年で210名の学生増、校舎、宿舎等の増	支那人教育の為東亜同文書院附属実業学校創設、修業は、4か年、毎年50名の募集		3-2479	0413
	45	東亜同文書院経営に関し稟申の件	外務大臣　内田康哉宛 上海総領事有吉明	教職員の給与が低すぎる。 もっと一流の教授を揃えるべき。学生は一流なのに気の毒	現在の情況で支那人の教育を現地で行う事は疑問。英米仏では、支那の学校を卒業生はオックスフォード大学に入学できる。	図書館が貧弱すぎる。物産館類似の設備が必要。日本からの研究者や視察訪問者に予備的知識を供給し、また調査結果を綜合すべき機関としての図書館が必要。	3-2478	0278
	46	東亜同文会会則並事業提要乙號	大正7年12月				3-2478	0306
大正8年度	47	命令書　外務大臣内田康哉 大正8年4月22日	再拡張費補助に就いて金595,020円を大正8年度から5年間補助する	支那人に対し北京等で土地を購入し、学生200名以上収容可能な校舎の建築	修業年限を4か年とし、大正9年度より毎年50名以上新入生を募集教育する事	支那辺境地に通信員を置き産業・政治・経済・教育・法制などの情況の普及を図る事	H-0177	0032
	48	予算案					3-2478	0341
	49	東亜同文書院中華学生募集状況報告　大正8年7月30日	1. 中華学生募集着手の時期に非ざる事。いたるところで対日感情が険悪で、もし学生を入学させても彼らが迫害される恐れがある。	2. 排日熾烈にして優秀な学生を得る事が困難	3. 山東問題が解決されるか、時局が一転機まで延期する事		3-2478	0427
大正9年度	50	収支決算	説明				3-2479	0203
	51	総収支予算					H-0177	0036
	52	申請書(補助金3か年間) 陳情書(補助金126,082.76円)	大正9年8月21日 大正10年1月13日	教職員の待遇改善67,255円	図書館内容の充実(経常費8,340円うち図書購入費5,000円)、図書室増築費12,000円(臨時費)、卒業生研究費	銀貨高騰の為、生活が圧迫されている	3-2478 3-2479	0497 0026

年度	番号	タイトル	内容注記 1	内容注記 2	内容注記 3	内容注記 4	DBの番号・本学請求記号	DBのページ
大正10年度	53	収支決算					3-2479	0533
	54	同文会施設事業補助申請書 経常費補助　142,560円 臨時費補助　　4,920円	外務大臣内田康哉宛 大正10年6月	教職員の待遇改善	図書館の内容充実	調査編纂事業の出版補助等	3-2479	0119
	55	東亜同文書院章程(要領) 大正10年11月更訂	修学年限は4年とする。 学年は4月1日～翌年3月31日まで。 第9章：本院に年限2ヵ年の補習科を置く。ただし本院本科卒業生に限る。	1学期は、4月-10月 2学期は、11月-翌年3月	48か月の学資金は2640円とし、便宜上月55円。小遣あり。	入学願書心得には、学生の4年間は、兵役の徴収猶予の特典ありと明記	3-2479	0183
大正11年度	56	決算報告	大正11年度財産目録あり				H-0186	0016 0035
	57	予算					3-2479	0496
	58	東亜同文書院経常費補助申請額	総計　115,960円	物価高騰の為経常費、修学旅行費、教職員優遇、図書館充実、支那学生費補助			3-2479	0125
	59	命令書 大正11年4月29日	132,960円を補助を交付する。 ただし大正11年度限り	書院の拡張、教職員優遇、既設図書館の充実、学生修学旅行費、附属支那人学校経営等			3-2479	0411
	60	東亜同文会に関する調査	対支文化事務局	大正11年度	書院の概要あり		H-0177	0197
大正12年度	61	収支決算					H-0186	0176
	62	収支予算					3-2480	0024
	63	東亜同文会施設事業補助申請書	東亜同文書院としては、4か年　483,040円+臨時費121,340円 大正12年6月22日	学生1か年の延長に伴う学生増加による寄宿舎、食堂、教職員増加の宿舎増築、支那内地旅行費の増加	図書館の内容の充実	中華学生の学資金徴収困難なため、当面食費のみとせざるを得ない	H-0178	0392
	64	大正12年教職員状況	沿革				H-0178	0353

年度	番号	タイトル	内容注記 1	内容注記 2	内容注記 3	内容注記 4	DBの番号・本学請求記号	DBのページ
大正13年度	65	収支決算					H-0186	0389
	66	収支予算					H-0179	292
	67	東亜同文会施設事業補助申請書　自大正13年度至同16年度再提出	東亜同文書院としては、4か年 483,040円+臨時費121,340円 大正12年12月28日	学生1か年の延長に伴う学生増加による寄宿舎、食堂、教職員増加の宿舎増築、支那内地旅行費の増加	図書館の内容の充実	中華学生の学資金徴収困難なため、当面食費のみとせざるを得ない	H-0178	0390
大正14年度	68	経常収支予算決算比較					H-0180	0271
	69	経常収支予算					H-0180	0185
	70	補助団体及び其施設の大要　大正15年1月	外務省文化事業部				H-0276	0235
	71	支那に於ける学事視察報告	文部省篤学官　矢野貫城	教授の給与が尚少ない教員研究室が狭い。教員住宅も狭く寝室に暖房が無い。	商品標本が少ない。商業実践設備が不十分。	図書は和書約1万冊、漢書約3万冊、洋書3500冊で図書の整備が必要	H-0276	0276
	72	同上の報告会	文部省篤学官　矢野貫城	職員の俸給が安いため優秀な教員を招聘できない	職員の研究資料不十分研究室も不足している。	学課課程の改正の要図書館の貧弱(洋書は最低1万冊)	H-0276	0291
大正15年度 昭和元年度	73	経常収支決算					H-0181	0248
	74	経常収支予算					H-0181	0100
	75	大正15年度事業補助申請書(総額319,000円)	書院の経常費補助192,000円	数年に亘る銀塊高騰の為、事業の継続維持が困難	大正14年度は銀100弗に対し、金143円		H-0181	0083
昭和2年度	76	経常収支決算書　(東亜同文書院)	経常費				H-0187	0200
	77	臨時費(東亜同文書院)収支決算	臨時費				H-0187	0229

年度	番号	タイトル	内容注記 1	内容注記 2	内容注記 3	内容注記 4	DBの番号・本学請求記号	DBのページ
昭和2年度	78	経常収支予算	経常費				H-0187	0119
	79	臨時費収支予算	臨時費				H-0187	0130
昭和3年度	80	収支決算					H-0188	149
	81	収支予算					H-0188	0058
	82	補助申請書					H-0188	0037
昭和4年度	83	収支予算					H-0189	0014
昭和5年度	84	収支決算					H-0189	0269
	85	収支予算					H-0189	0094
	86	経常費補助申請書					H-0189	0091
昭和6年度	87	収支決算					H-0190	0183
	88	収支予算					H-0190	0060
昭和7年度	89	収支決算					H-0191	0257
	90	収支予算					H-0191	0069
	91	年度報告					H-0289	0290
昭和8年度	92	収支決算					H-0192	0185
	93	収支予算					H-0192	0111 0158
	94	年度報告					H-0289	0326
昭和9年度	95	収支計算書(決算)					H-0195	0205
	96	収支予算					H-0193	0055
	97	年度報告					H-0289	0365
	98	為替差損補てん申請書					H-0194	0038

年度	番号	タイトル	内容注記 1	内容注記 2	内容注記 3	内容注記 4	DBの番号・本学請求記号	DBのページ
昭和10年度	99	収支計算書(決算)					H-0195	0211
	100	収支予算					H-0194	0055
昭和11年度	101	収支決算					H-0196	0121
	102	収支予算					H-0195	0290
	103	補助申請書					H-0195	0286
昭和12年度	104	収支決算書					H-0197	0305
	105	収支予算					H-0197	0048
	106	補助金減額に関する件	外務省　昭和12年9月9日・昭和12年10月19日通達	東亜同文会減額は15,000+8,100＝23,100円	東亜同文書院の減額は12,000+7,390＝19,390円		H-0197	0023
	107	収支決算					H-0198	0293
	108	収支予算					H-0198	0064
	109	実行予算案					H-0198	0099
	110	事変費及び東亜同文書院臨時開校費補助申請書	同文会会長近衛文麿より廣田外務大臣宛 昭和12年11月13日	長崎引き揚げ及び臨時開校費 52,658.53円を申請			H-0197	0029
昭和13年度	111	総収支決算					H-0198	0293
	112	東亜同文書院更生予算					H-0198	0143
	113	経常費実行予算案					H-0198	0025
	114	経常総収支予算					H-0198	0064
	115	命令書	昭和13年4月28日				H-0198	0121
	116	臨時費補助申請書 臨時手当のため補助金申請書	同文会としては388,048.77円の申請	書院は241,821.39円の申請(学生食堂の改築、武道場、研究室の増築等)	物価高に対する書院教職員の臨時手当が必要		H-0198	0081 0318
	117	長崎仮校舎・上海焼跡財産処分					H-0198	0342

年度	番号	タイトル	内容注記 1	内容注記 2	内容注記 3	内容注記 4	DBの番号・本学請求記号	DBのページ
昭和13年度	118	興亜院と関係各庁との事務分界	外務省 昭和13年11月18日	興亜院に移管する物 1. 諸学校 支那限地に於ける支那人教育機関及び日本人教育機関(ただし東亜同文書院を除く。	昭和13年12月16日閣議に於いて東亜同文書院の指導監督が外務省所管となったのは、本邦人に専門教育を施す学校で、支那事変などの処理をする所謂政策学校ではないとの建前で決定した。	東亜同文書院経費予算は同文会より興亜院及び外務省に提出し興亜院は外務省と稟議をしてこれを査定する 昭和14年4月18日	H-0287 H-0280	0296 0060
	119	予算表　昭和14年度～18年度	東亜同文書院大学設立申請書の中の1書類	書院の経常費予算は、711,502円～902,854円	経常費　図書費予算は各年度　60,015円		H-0287	0081
	120	東亜同文書院　年度別国庫補助金及びその他収入表	大正13年度～昭和13年度 昭和14年度～昭和18年度				H-0287	0100 0204
昭和14年度	121	収支予算					H-0185	0091
昭和15年度	122	収支予算	教育学院新設初年度(72,820円) ＊日本人に対するもの	女子学院新設初年度(54,962円)＊支那人に対するもの	文化普及部新設初年度(30,000円)＊支那人に対するもの		H-0198	0435
昭和15年度	123	同文書院職員に対する年度末手当の支給について	昭和15年12月				H-0283	0168
	124	東亜同文書院大学に関する外務省令廃止の件	昭和16年3月4日	今般対支文化事業に関する事務を興亜院に移管し東亜同文書院大学に関する事務も同院に移管する			H-0287	0300
昭和16年度	125	東亜同文書院経常及臨時費予算					H-0198	0465
昭和19年度	126	収支決算					H-0185	0462
昭和20年度	127	収支現計表	昭和21年1月末調				H-0185	0480
	128	補助金割当更正申請書	昭和21年3月東亜同文会解散後				H-0198	0495
	129	現計表	昭和21年2月末日				H-0185	0488

資料 12

東亜同文書院資料一覧表 Ⅱ. 事業報告書関係

年度	番号	タイトル	内容注記	主に図書館に関する事項	DB No. 請求記号	頁番号	その他
大正10年度	1	事業報告	大正10年4月～9月		3-2479	0229	修学年を4年に変更、学期は4月-翌3月、7月専門学校令で認可 4年制に
	2	事業報告	大正10年10月～11年3月	2月 図書館主任植野武雄が任命される	3-2479	0425	11月石川副院長及び松永教授逝去
大正11年度	3	事業報告	大正11年4月～9月	目次の最後の項目に初めて13..図書館と記される。小規模ながら新館建設され、従来の文庫から図書館と改称。専任主任を迎え年平均10,000円の図書購入予算で内容の充実を図る。	H-0177	0147	昨12月に収容した学生の学力が不出来の者多し。3班に分け授業を行った。
	4	事業報告	大正11年10月～12年3月	3月下旬に図書館と書庫完了	H-0177	0243	根津辞職し大津麟平院長に交代
大正12年度	5	事業報告	大正12年4月～9月	蔵書数28,390冊	H-0186	0086	大正12年9月1日関東大震災により東亜同文会本部全焼
	6	事業報告書	大正12年10月～13年3月	大正12年11月新築図書館の開館式。2階建ての本館と3層楼の書庫。蔵書数34,443冊、他に委託図書数百冊。和漢書目録第1巻、2巻を出版。続いて洋書目録、増加図書目録を出版。	H-0179	0364	国内諸大学図書館の焼失により、中華の図書の蒐集依頼在り
大正13年度	7	事業報告	大正13年4月～9月	蔵書数37,385冊 外来者に参考資料を提供し、調査研究の指導などは図書館と連携して提供している。研究者20名、一般参観者384人	H-0186	0326	
	8	事業報告書	大正13年10月～14年3月	五十音別「カード索引」の新設並びに内外各地図書館との連絡などの諸計画もその後順調に進捗、本期に入り実現の運びとなった。不完全ながら一般閲覧者の利便を増進した。	H-0186	0416	本院の訪問者急増
大正14年度	9	事業報告書	大正14年4月～9月	内容別索引「カード」の編成に従事。	H-0180	0106	
	10	事業報告書	大正14年10月～15年3月	おおむね順調に推移している。図書館に寄贈が増加して喜ばしい。利用者も増加している。	H-0180	0197	諸事上の為多数教授の休講が多くて遺憾である
	11	補助団体及其施設の大要	外務省文化事業部 大正15年1月	東亜同文書院の概略記載在り:図書館の内容についての記載なし	H-0276	0235	東亜同文会の不足額は毎年補助金で補ってきた

年度	番号	タイトル	内容注記	主に図書館に関する事項	DB No. 請求記号	頁番号	その他
大正15年度	12	東亜同文書院事業報告	大正15年4月～9月	内容別索引「カード」の編成が完成し、従来の図書索引に対する不備を補うことが出来、一般閲覧者に多大な便宜を与えられた。	H-0181	0157 0291	大津麟平から近衛文麿院長に交代
	13	事業報告	大正15年10月～昭和2年3月	「和漢書分類別索引カード」は完成した。	H-0181	0311	円価の下落、銀塊の高騰で事業の遂行に大きな打撃。
	14	東亜同文書院支那研究部の充実発展に就いて	大正15年5月 支那研究部委員会	アンケートの実施：図書館の内容貧弱、研究資料として内外の雑誌が少ない。日本及び支那各地の文献を渉猟する機会に乏しい。図書購入費を少なくとも年額1万円に復帰させること。	H-0179	0230	
昭和2年度	15	事業報告	昭和2年4月～9月	洋書著者名目録の完成。旧工業科図書を整理し管理。	H-0187	0134	国民革命軍が上海占領後戦乱が拡大したが、調査旅行を断行。
	16	事業報告	昭和2年10月～3年3月	図書館で支那研究部主宰、中国国民党宣伝物展示会を開催。 中国人の参観者80名。	H-0187 H-0278	0160 0109	日本からの見学者急増
	17	同文書院2年度年報	東亜同文書院 昭和3年7月	図書館建設以来館内の設備の改善と内容の充実に努めてきた。殊に近時は当地内外の図書館との連絡を計り相互の利便を増進しつつあり、本院図書館の存在の使命を発揮しつつある。	H-0289	0012	12月13日より3日間胡適博士を招聘し、特別講義
昭和3年度	18	昭和3年度報告書	東亜同文書院	卓子(机)を改造し1人1燈式のスタンドを新設、又読書姿勢の近眼防止の為卓子に傾斜を与え、更に前方に衝立を設け、隣席との間に境界を作った。 職員俸給リスト在り。	H-0289 W3::051:2-3	0096	5月17日以降中華学生は済南事件により臨時休業とす。
昭和4年度	19	事業報告書	昭和4年4月～9月	昭和4年9月末現在蔵書数56,604冊　図書館事務1名	H-0188	0099	国内から見学者急増
	20	昭和4年度報告書	東亜同文書院	昨年卓子(机)を変更した事により閲覧者が倍加。新着図書の解題を試み学生の読書欲を堪えず刺激した。学生の外国書の貸出を1か月に延長し研究の機会を十分にすると反響著しく閲覧数が3倍に増加、漢籍の希望者多数生じた。	H-0289	0142	支那研究部では雑誌資料、インデクスカード、伝単、ポスターの収蔵の外資料公開をしている。多方面からの質問は事情の許す限り応じ資料を提供している。
昭和5年度	21	書院扮擾(フンジョウ)に関する経過報告書	昭和5年12月3日	書院改革運動に端を発し、昭和5年6月学生側は学校当局に対し要求を提出その貫徹するまで授業をボイコットした。その後膠着状態となり、同窓生が調停してやっと収まった。	H-0287	0339	1. 書院の改革に消極的な岡上副院長と古河教頭の引責辞任 2. 学究的良心の無い教授の淘汰等4項目を掲げた。

年度	番号	タイトル	内容注記	主に図書館に関する事項	DB No. 請求記号	頁番号	その他
昭和6年度	22	事業報告書	昭和6年4月～9月	図書委員を学生から10名を選出。新入生70名を数班に分け、館内案内及び資料検索、閲覧心得を説明。「図書館手引きの栞」を配布。 図書館事務1名。	H-0190	0210	9月18日満州事変の勃発により、排日運動が激化したが、双方何とか自重している。
	23	事業報告書	昭和6年10月～7年3月	学生の館外帯出を毎週水・土の2回行っていたが、11月4日より毎週月・水・金の3回とした。 上海事変の為昭和7年1月28日より閉館とした。	H-0190	0273	満州事変が対日感情を悪化様々な事件が発生、事態が重大化。1月28日、全員共同租界に避難。2月3日ほぼ全員を長崎に避難。
	24	昭和6年度年報	東亜同文書院	蔵書数63,409冊　昭和7年3月末	H-0289	0207	上海事変勃発の為、運動場の整地など一時中止している。
昭和7年度	25	事業報告書	昭和7年4月～9月	上海事変の為閉館していたが、4月15日より平常通り開館。 図書館利用法の指導を例年通り行う。 夏季休暇中に公開図書の更改・雑誌の整理、不要資料の廃棄・紛失図書調査等を行う。　図書館事務：鵜鷹幸蔵	H-0191	0284	事変の損害軽微だったので、4月18日より授業再開。然し上海の治安は治まらず、学生の外出禁止にして授業に励む。
	26	事業報告書	昭和7年10月～8年3月	本館の図書分類法は創立当時に制定されていて、蔵書の増加と共に不備な点が甚だ多く、事務上、閲覧上、能率が悪く、改善の為新学説を検討する事とし、図書館図書分類委員に大谷孝太郎教授、山崎伊太郎助教授、中馬靖友事務員を選出。 雑誌のカード新設。製本雑誌や新聞のカードも作成。和漢洋雑誌、新聞の4,900冊の事務用の基本カード、閲覧用カードも作成した。 昭和5年に図書委員の制度が創始されて以来学生と図書館の連絡、公開図書紛失の防止など顕著な効果を挙げたが、今期に入り「読書月間」(月刊の誤り)の発行を見た。	H-0191	0340	支那の政情は治まらず、山東省の軍閥闘争、四川での事変、西蔵の独立軍の進出、湖北一帯に優勢な共匪との闘い等南京政府は内乱状況にある。
	27	昭和7年度年報	東亜同文書院	年々図書が増加し、書庫が狭隘(きょうあい)であるが、内容の整備が急を要している。即ち事務用カードの作成、図書分類法の改定、蔵書目録の作成などが必要である。図書の利用者が増加傾向にある。	H-0289	0262	事変の為中止していた運動場の整備を開始。他に体育館、プール建設にも着工。商品室を物産館と改称。
昭和8年度	28	事業報告書	昭和8年4月～9月	学生図書委員の努力で「読書月刊」は、大7号まで刊行した。さらに「満蒙関係記事事件名目録」(和文雑誌の部)を作成し、件名で配列し、本学では初の試みであった。これを謄写に付し220頁の冊子とし、利用に供した。 夏季休暇中に全蔵書調査を図書原簿と照合し、紛失の有無を調査した。　図書館事務：鵜鷹幸蔵	H-0192	0255	排日絶対禁止令と日支停戦協定成立の為何とか平穏な状況を保っているが、何時排日運動が起こるか分からない。

年度	番号	タイトル	内容注記	主に図書館に関する事項	DB No. 請求記号	頁番号	その他
昭和8年度	29	昭和8年度年報	東亜同文書院	図書館の面積は1棟72.78坪、附属書庫1棟41.39坪	H-0289	0300	校地面積は27,659坪、 建物面積は全48棟、3,745坪
昭和9年度	30	事業報告書	昭和9年4月～9月	「読書月刊」は。毎号50ページに及び発行している。 新入生図書館案内は、5月4日新入生を2組に分け、教室にて利用法の概略を説明後、実地見学をしたが、少なくとも数時間を設けて、図書館講座を設ける必要がある。　図書館事務：鵜鷹幸蔵	H-0193	0196	満州国の発達で日本語熱が盛んとなり、日支人相互親善が醸成されているのは喜ばしい。
	31	事業報告書	昭和9年10月～10年3月	これまで学生の図書帯出は毎週月・水・金の3回行ってきたが、学生の希望により1月より毎週月・木の2回とし、再帯出希望者は返納日に申し出ることにより、引き続き一期間帯出可とした。 図書館報の創刊：「読書月刊」は、18号まで発行したが、効果があるので、昭和10年1月号より「東亜同文書院図書館報」に改め創刊した。	H-0193	0261	日支の関係が好転し、排日感情が緩和された。
	32	昭和9年度年報	東亜同文書院	蔵書の増加によって書庫が充満し、増築の必要を痛感している。現在新聞、雑誌の閲覧は図書閲覧室に併置されているため、喧噪して、他の閲覧者の迷惑になっているが分離するスペースがない。また図書の分類が、蔵書8万冊に対応できていない。	H-0289	0336	寄宿舎の新築で、3階建て室数75、収容人約150名のモダーン寄宿舎である。
昭和10年度	33	事業報告書	昭和10年4月～9月	「満蒙関係記事事件名目録」(和文雑誌68種)に昭和8年9年に発行された雑誌を追加し、件名目録を作成した。 図書館事務：鵜鷹幸蔵	H-0194	0091	日華の関係は円満に進展している。
	34	事業報告書	昭和10年10月～11年3月	漢書カード内容の不備を補い事務用カードを完成させ、これをタイプライターで複製し旧来の者と組み替えた。「図書館報」の第6号まで発行。	H-0194	0214	日支の国交は一進一退依然として見るべきものなし。
	35	昭和10年度東亜同文書院年報		特に記すべきことなし	H-0290	0009	
昭和11年度	36	事業報告書	昭和11年4月～9月	公開図書更改：従来の方法ではなく熟読を要すもの及び特殊的なものを避け、事彙辞典、年報、年鑑及び叢書類を主に938冊を選出し公開した。　図書館事務：鵜鷹幸蔵	H-0196	0025	日支関係は、成都や中国各地で邦人の殺害があり一触即発の情況。
	37	事業報告書	昭和11年10月～12年3月	「図書館報」は、第11号まで発行。蔵書冊数は84,024冊 図書館事務員：鵜鷹幸蔵と櫛島(ぬでしま)善次郎の2名	H-0196	0198	両国の政治折衝は停頓、抗日の思想は潜行しつつある。

年度	番号	タイトル	内容注記	主に図書館に関する事項	DB No. 請求記号	頁番号	その他
昭和11年度	38	昭和11年度東亜同文書院年報		本年度より新たに法政学科が開設されたが、その方面の研究資料が甚だ乏しく、蒐集が急務となっているが、近時為替相場が悪化しているため洋書の購入は頗る不利である。年間の図書費は約6,000円で購入できるのは非常に僅かとなっている。漢書は18部のみで、洋書は購入図書781冊の内405冊は、故藤原茂一教授の遺書を譲り受けた者である。書庫は143坪で已飽和状態である。近時図書館学の発達により事務は益々狭隘であると痛感している。	H-0290	0039	既に運動場の拡張体育館プール寄宿舎一部の増築を終えたが学生食堂武道場の改築、物産館、図書館などの増築が必要となっている。
昭和12年度	39	事業概要報告	昭和12年4月～13年3月	支那事変勃発し、上海の形勢が悪化したため、8月12日重要書類と貴重図書を自然科学研究所に搬出して9月長崎に避難した。残り約8(10)万冊の図書は支那兵の放火により烏有に帰した。長年に亘り蒐集した資料をすべて失うのは、回復しがたい損失となった。 長崎仮校舎では10月18日に開校式を行い、翌3月6日卒業式を挙行。一方上海の情勢は暫時平静になり外務及び軍部の援助により同地交通大学を仮校舎に充てる事に決定し、上海に復帰4月17日開院式を挙行。	H-0059	0233	7月盧溝橋事件が勃発以来北支は戦闘地区となり、上海も一触即発となり8月遂に戦闘が開始されたので、長崎に避難した。11月4日以来数回の支那兵による放火で校舎は全焼。
	40	昭和12年度東亜同文書院年報		10月18日長崎仮校舎の開院に伴い、図書館は残存図書784冊(貴重図書309冊)及び新刊雑誌で10月25日開館した。資料僅かなため教授学生の研究調査上支障があったが、長崎高等商業学校及び県立長崎図書館の好意で蔵書を利用でき幸いであった。 上海の蔵書は全て焼失したため、全国各官庁文化団体及び出版社に図書の寄贈を依頼した所、本年度末に図書6,218冊、雑誌908冊寄贈された。 他に満鉄大連図書館及び奉天図書館から復興の為に満州各地より寄贈図書を蒐集してくれて、新年度より上海に復帰開校出来る準備ができた。	H-0290	0070	長崎では長崎市師範学校跡を借用できた。次年度からは上海交通大学跡を仮校舎として利用できる事になったが設備を整えるため、内地より材料を調達。極めて短期間に事業を完成させる為各界より多くの援助を受けた。
	41	上海交通大学を東亜同文書院仮校舎として使用の件	外務町文化事業部長あて 同文会会長近衛文麿 昭和13年3月31日		H-0287	0052	
	42	東亜同文書院図書目録	昭和13年3月末	書院図書館は昭和12年11月より4日間燃え他の建物と共に焼失したが、その後各方面から図書が集まり和書3,836冊、漢書508冊、洋書540冊　合計4,884冊蒐集した。昨年より60万円の寄付を目標とし、国内の会社銀行を訪問。また卒業生より12万円の寄付の申込あり。今後は経常予算から図書費を毎年6万円購入し、大学の名に恥じない図書館の充実を図る予定である。	H-0287	0105	

年度	番号	タイトル	内容注記	主に図書館に関する事項	DB No. 請求記号	頁番号	その他
昭和13年度	43	事業報告書	昭和13年4月～9月	昭和13年4月2日館員2名が先発したが、図書館2階は滬西憲兵分隊徐家匯(ワイ)分駐所として使用、1階と3階は教職員の宿舎であったので執務が出来ず、住宅の完成を待って3階の1室で事務を開始した。4月末日1階全部を図書館として使用でき本格的に準備を開始、事務室、閲覧室、出納室各1室を整備し、出納室の半分を索引室として5月10日開館。図書が僅かなので、館外帯出は学生は禁止、教員のみ許可した。雑誌は閲覧室が狭く公開が出来ないため出納し、休日も午前9時より夕食まで閲覧室を開き雑誌のみ閲覧させることとした。分類法は新たに日本十進分類を採用し若干の改定を加えた。また新たに著者名を主記入とする目録規定を制定した。図書館職員：鵜鷹幸蔵、櫛島善次郎	H-0198	0190	4月17日上海国立交通大学跡に開院式を挙行。今次の聖戦に本院卒業生が銃後の機務に奉仕、偉大な功績を挙げ世人の注目を集めた。
	44	事業報告書	昭和13年10月～14年3月	図書館の復興は一日もおろそかにできないので、今期は旧蔵書原簿中より必要な書を選択し、この購入を東亜同文会に依頼した。また内外各方面に図書の寄贈を仰ぎ多数の貴重な文献を得ることが出来たが、引続き各方面に復興援助を懇請した。購入図書706冊、寄贈図書3,763冊。蔵書数18,294冊。他に上海居留民団委託図書　21,663冊あり。	H-0198	0243	大学予科の開設が認められた。北支に臨時政府、中支に維新政府を創立して東亜の建設に協力して蒋政権の潰滅に進むことは喜ばしい。亦興亜院設置された。
	45	大内院長の見解(中支方面出張報告書：外務省書記官宮崎申郎)	昭和13年6月	大内院長の見解：旧交通大学の所有する建物を永久に我が方に引き受けることはないとすべき。理由①主義上の困難：伝統ある交通大学にはすでに多数の卒業生が各地で活躍している。これを接収して日本人教育に使用することは支那の有識者達に日本の対支事業の目的に疑念を起こさせる。対支政策としては、支那人学生を養育する大学を創設して臨時政府に移譲する方が感触が良い。･･･	H-0013	0269	
	46	上海日高総領事から宇垣外務大臣へ	昭和13年8月23日	東亜同文書院を早急に大学昇格すべきで、特に内容の充実を検討すべきである。 ①図書館充実、教授、学生の研究設備の充実　②有力な教授を招聘すべき　③困苦を忍び欠乏に耐え孜々(シシ)として支那人の誘導に努力する書院の伝統的精神を失わない事　･･･	H-0287	15	
	47	昭和13年度東亜同文書院年報		昭和13年4月12日長崎より上海交通大学跡に復帰し同大学図書館建物の一部を使用する事となり、準備を整えてきた。5月10日開館に至った。図書購入に関し図書館主任補佐に教授の中より図書館委員6名を委嘱し、学生図書委員6名を委嘱し、日本十進分類法を採用して図書の整理に着手した。6月1日に上海居留民団より委託された東亜攻究会文庫図書を搬入。各地より寄贈された図書は12,106冊に達した。主な寄贈先は、大連図書館、奉天図書館、鉄嶺図書館、文部省、外務省、東亜経済調査局、横浜正金銀行東京支店、在満有志、個人寄贈者等多数。在学生は自発的に年額3円を醸出して図書を購入して寄贈する事を決めた。	H-0290	0103	昭和13年11月12日　東亜同文会理事会において「東亜同文書院図書館復興につき寄付金募集の件」を審議し、図書費予算を300,000円とし、内100,000円は東亜同文書院維持会寄付を当て、200,000円は一般寄付金で予定する事とした。

年度	番号	タイトル	内容注記	主に図書館に関する事項	DB No. 請求記号	頁番号	その他
昭和13年度	48	長崎仮校舎引揚跡及上海焼跡財産処分報告		臨時収入総額　28,828. 63円（長崎仮校舎分　7,364.25円, 上海旧校舎焼跡　21,464.38円） 臨時支出総額　29,794. 37円（長崎市謝礼　1,000円、上海仮校舎新築　900円、学内工事、学生体育設備の補修、角力場の新設、教室食堂住宅補修、什器補充等27,894.37円）	H-0198	0342	
昭和14年度	49	事業報告書	昭和14年4月～9月	復興図書購入に関する調査委員を委嘱し、全国の各書店より図書目録複数の寄贈を求め、事務室内に並べ、また各教授会に回覧して選書し、直接上海及び日本各地の書店より購入すると共に、東亜同文会事に委託して大量の図書を購入した。 本期根津家その他より多数有益なる図書の寄贈があった。 図書館職員：鵜鷹幸蔵、多賀義憲、高橋義雄の3名に増員	H-0185	00162	大学に申請中(昭和14年12月28日認可）で、本年度新入生　160名を大学予科第1期生として収容した。
	50	事業報告書	昭和14年10月～15年3月	早くから復興に努め内容の充実を図っているが、復興資金を活用して有益図書の購入を計り、また霞山会館及び在院学生より多数貴重な図書の寄贈があり18,000冊を増加し、寄託図書を加え7万冊に達しようとしている。図書購入に関して図書館主任（予科教授の熊野正平教授　華語担当）を補佐するため教授中より6名の調査委員を委嘱し万全を期し且つその他の教授からも多大の援助を受けている。昭和14年11月図書館報を復活刊行し、第1号とした。昭和15年3月には第2号を発刊した。 図書館主任：内田直作（崑論創刊号） 図書館司書：鵜鷹幸蔵、多賀義憲、高橋義雄、書記：西松重躬（シゲミ）の4名となる。	W3:Z492:14下 H-0185	00208	支那新中央政府設立され、帝国と相提携して事変処理の任を分ち国家機構の完成を急ぎつつあり、人材育成が急務である。
	51	昭和14年度東亜同文書院年報		附属データに蔵書冊数和漢書：89,113冊、洋書：10,267冊 閲覧人数：学生・教職員は6,388人、一般公衆：657人 館外帯出図書冊数：和漢書・7,289冊、洋書：304冊	H-0290	0138	
	52	東亜同文書院校舎再建趣意書（案）		書院は不幸にも全校舎を烏有に帰した。たまたま近接の交通大学が戦乱の為廃屋同然となり、やむなく政府の許可を得て仮校舎としたが、これは一時の事でいやしくも長期間に亘って占有する意思は最初からいささかもなかった。交通大学は支那に於ける古き歴史と伝統を有し、出身者も万余に達していて、同校関係者が母校に対する心事は同情に耐えない。一日も早く交通大学を返還し、何らの他意が無いことを示す事は文化工作上きわめて適切である。書院は他の地所を探してなるべく早く新校舎の着工に着手すべきである。	H-0184	0122	昭和14年東亜同文会会長近衛文麿より興亜院総裁外務大臣宛

年度	番号	タイトル	内容注記	主に図書館に関する事項	DB No. 請求記号	頁番号	その他
昭和14年度	53	東亜同文書院大学学則 東亜同文書院大学設立要綱	昭和14年12月	本大学は学部・大学予科及び研究科で構成する。本大学に商学部を置く。 学部の修学年限を3年とする。 研究科は、研究期間を2年とし、本大学卒業者で研究科に入りたい者で、学長の許可を得る者とす。 大学予科の修学年限を2年とし、高等普通教育を施し大学学部に入りたい者の為に必要な学科を教授する。 学部の学資金は年額900円とす。研究科の学生は年120円とする。 大学予科(府県生・公費生・私費生)の学費は学部生と同じ。	H-0283 H-0287	0228 0150	修業年限:学部3年、大学予科2年、研究科2年以上
昭和15年度	54	事業報告書	昭和15年4月～9月	本年度学生図書委員6名を委嘱業務の充備に当る。 「図書館報」第3号を発行した。「洋書目録」第2輯、「和書目録」第4輯の発行。 5月19日、司書鵜鷹幸蔵は満十年勤続者として表彰される。 図書館司書:鵜鷹幸蔵、高橋義雄(昭和14年度は多賀も司書と明記) 書記:多賀義憲、西松重躬	W3:Z492:15上		6月下旬に学生が突然赤痢の症状があらわれ急速に蔓延して約百名に達し、極めて憂慮すべき状態になった。総領事館、警察署、上海同仁病院等衛生関係の協力により防疫に努めた結果、暫時減退に向かい、8月遂に終息し1名の犠牲者も出さずに済んだことは不幸中の幸いであった。
	55	事業報告書	昭和15年10月～16年3月	全蔵書を失って3年、各方面の援助や復興資金により多量の図書購入をなし結果本期に至り蔵書数に於いては災前に近づいて、又質に於いても甚だしく劣る事も無い。利用者は漸増の傾向にあるが、蔵書の大半を占める漢籍及び研究資料である新聞雑誌はまだ一般学生の閲覧に供するに至っていない。和洋書もカード目録の不備を改善すべき点は多い。図書の一層の充実を図ると共にカードも整備に当らねばならない。 司書:鵜鷹幸蔵、高橋義雄、石川正衛　書記:西松重躬	W3:Z492:15下		大学学部の創設を前に諸規則の改定施設の整備職員の補充など極めて多事の際に当たり、9月中旬本間副院長の新任を迎え諸般の整備に着手する。
	56	書院大学学則一部改正の件	同文会会長近衛文麿から外務省文化事業部長三谷隆信宛昭和15年5月23日	学資金660円を900円に改める。学資金の中で食費の割合が大きいが、諸物価高騰し米が3倍強となり、月8円が25円となり年300円を要する。その他学用品被服なども相当高くなっているため。	H-0185	0266	
昭和16年度	57	事業報告書	昭和16年4月～9月	上海内河汽船株式会社より華文雑誌、公報類約4,000部の寄贈在り。上海憲兵隊の好意により教授参考資料として漢書17,412冊の寄託あり。夏季休暇前6月26・27の両日和洋書3冊に限り夏季休暇中長期帯出を行った。その人員151名376冊 蔵書冊数:98,984冊　他に寄託図書39,075冊あり	W3:Z492:16上		大学部第1学年138名を収容して4月8日授業を開始。大学予科の新入生172名は、日本各地を見学の上長崎から乗船4月17日上海に到着した。

年度	番号	タイトル	内容注記	主に図書館に関する事項	DB No. 請求記号	頁番号	その他
昭和16年度	58	事業報告書	昭和16年10月～17年3月	本館は復興資金の援助を得て内外図書の購入に努め、また篤志家の寄贈を得て着々蔵書の充実を図ってきたが時局の影響は未だ万全の成果をあげていない。然し本学機構の拡充に伴い益々責務の重大なるに鑑み館員一同協力して内容の整備に努め大学図書館の名に恥じないよう期している。 蔵書数：101,386冊 他に委託図書：39,075冊 昭和１７年２月図書館長：野崎駿平（滬友学報11）	W3：Z492:16 下		修業年限短縮となり、10月中旬予科第1、第2学年及び商務科第3学年に対し第1学期試験を実施、更に商務科第4学年は12月に繰上卒業式を挙行した。私費生の募集は1,377名、学部志願者は30名に達した。第1第2次試験の合格者は予科71名、学部11名であった。
昭和17年度	59	事業報告書	昭和17年4月～9月	休刊していた館報「崑崙」5号を発行。 蔵書数：107,847冊、他に未整理図書3,097冊あり 他に委託図書：39,075冊（上海居留民団東亜攻究会文庫21,663冊＋杜月笙蔵書漢書17,412冊） 図書館長兼教授：手塚寿郎（昭和17年10月調） 書記兼司書：鵜鷹幸蔵、石川正衛、高橋義雄	W3：Z492:17 上		米英に戦争を宣言したが、書院の事業としては円滑に進んでいる。予科新入生は185名は4月12日着滬、13日に入学式を行う。 5月下旬にコレラが発生し、学生2名死亡した。
	60	事業報告書	昭和17年10月～18年3月	前期及び前年度同期に比し本館利用者が著しく増加。学術雑誌7誌を新たに備付利用者の便を図った。 蔵書数：111,142冊、他に未整理図書（上海憲兵隊寄贈）3,097冊あり 委託図書：39,075冊 業務分担表に図書館館長が明記されていない。（昭和18年5月調） 書記兼司書：高橋義雄　書記：北村房子	W3：Z492:17 下		商務科は本年度限りで廃止。 学生の軍事訓練が実施された。 衛生状態は良くなく、現在休学加療中の学生は46名いる。そのほとんどは胸部疾患である。 12月末に支那煙草配給組合解散により、金4百万円が寄付された。
昭和18年度	61	事業報告書	昭和18年4月～9月	閲覧状況は諸種の事情により減少したが、図書館事務の円滑を図るため新たに出納事務専任雇員を雇った。 蔵書冊数：112,745冊。他に未整理図書3,097冊（上海憲兵隊寄贈） 委託図書：39,075冊　合計154,917冊	W3:Z493:1 W3：Z492：18 上		東亜同文書院は発展的解消し、大学附属専門部設立を認可された。日華協定で上海共同租界の返還、治外法権の撤廃がされた。戦争が激烈となり、国家存亡の時、書院大学から志願兵続出した。胸部疾患のため休学中の学生が、54名に達した。
	62	事業報告書	表紙には昭和18年10月から昭和19年3月と書かれているが、中身は上と同じで4月-9月	4月27日図書館長代理に鈴木擇郎が委嘱された。 業務分担表（昭和18年4月-9月） 図書館司書：高橋義雄、谷山高美　書記：北村房子	W3：Z492：18 下と記載されているが中身は上		
	63	下半期事業報告	昭和18年10月～19年3月 東亜同文書院大学	学徒出陣の為閲覧状況は激減した。情勢の変化で館員手不足となっている。学徒出陣の学生から5,500冊を買上げたが未整理で利用できない。これまでの未整理図書・委託図書もそのままの状態である。			

年度	番号	タイトル	内容注記	主に図書館に関する事項	DB No. 請求記号	頁番号	その他
昭和18年度	64	事業報告書	昭和18年10月～19年3月	蔵書冊数：114,992冊、他に上海憲兵隊寄贈図書3,097冊、学徒出陣学生から買上げた5,500冊は未整理のままで利用できない。委託図書についても上海居留民団東亜攻究会文庫21,663冊及び杜月笙蔵書漢書17,412冊、合計39,075冊は含まれていない。	東亜同文書院大学記念センター		戦時非常措置方策が決定され、学徒出陣の増強となり、学校教育に大変革をもたらした。 臨時徴兵検査該当者400名中、合格者380余名が、11月に入隊。更に12月に入り特別徴兵志願者9名が参加。11月20日矢田七太郎学長及び予科長本間喜一依願退職。昭和19年2月本間喜一学長に委嘱。
昭和19年度	65	東亜同文会事業概況	昭和19年4月～20年3月	図書館に関する事項は記載されていない。昭和19年度の教職員としては人数のみで、事務は学部の書記が14名、司書1名、専門部は書記3名となっている。配属先は不明。（昭和18年上半期の職員名簿では、書記18名、司書2名の合計20名の事務職員となっている）。	H-0185	451	学部生（1学年～3学年）509名の7割以上徴兵され、予科や附属専門部を入れた全学生1,119名中徴兵及び病気休学中の者を入れると46%の学生が不在。
昭和20年度	66	東亜同文会事業概況		入学試験は例年通り開催。 予科生194名、専門部は115名の合格者を決めたが、渡航できず。内地にて教育と勤労動員を実施すべく富山県呉羽の航空機株式会社の利用を交渉、7月25日までに177名参加、14名の教職員（内地留学中）が参加し終戦直後まで続いた。その後一旦解散したが、再び呉羽にて授業を開始し、先の新入生に加え合計291名指導。教職員28名で開校式を挙げ、11月15日まで継続したが、厳しい冬に慣れず病気に罹る者相当数にのぼり、又食糧事情も悪く食料の調達が困難なため、臨時休校とした。 在支那の学校の様子は戦争が益々激烈となり、また交通手段が至難となった結果昭和20年度の東亜同文会の経営する学校の情況を報告することが出来なかった。	H-0185	0475	昭和21年1月31日東亜同文会は解散した。

資料13 東亜同文会資料一覧 まとめ （ただし東亜同文書院に就いての記述を中心とした）

年度	校舎名/院長・学長	決算関係	予算関係	事業報告		年報	東亜同文書院章程	その他
				上・下	片方			
明治33（1900）	南京同文書院 初代院長根津一	○		○			（南京同文書院）章程	M33.9.21上海日本総領事館から外務省政務局長宛て書院開学の手紙
明治34（1901）	上海東亜同文書院 高昌廟　桂墅里	○	○					M34.5.21総領事代理小田切から外務大臣加藤宛南京同文書院開院式の手紙
明治35（1902）	二代院長杉浦重剛							
明治36（1903）	三代院長根津一	○	○					
明治37（1904）		○						
明治38（1905）			○				○	
明治39（1906）		○	○				○	付録に書院の概要・ 上海高昌廟桂墅里校舎図
明治40（1907）		○						
明治41（1908）		○						
明治42（1909）		○	○					
明治43（1910）		○	○					書院一覧（明治43-44）
明治44（1911）		○	○					
大正元（1912）		○	○					
大正2（1913）	桂墅里→赫司克而路 仮校舎	○	○				○	ｸｲｼｭﾘ校舎焼失の真情（上野貞正）
大正3（1914）		○						農工科設置請願

年度	校舎名/院長・学長	決算関係	予算関係	事業報告		年報	東亜同文書院章程	その他
				上・下	片方			
大正4(1915)		○	○					
大正5(1916)			○					同文会事業提要　T.5.11
大正6(1917)	徐家匯　虹橋路校舎							書院紀要・寄付金決算報告
大正7(1918)			○					同文会事業提要・命令書・ 上海領事館から外務大臣宛手紙
大正8(1919)			○					命令書(T8.4) 支那学生募集に関する件(T8.6)
大正9(1920)		○	○					銀拂歳出為替差損調・補助金申請書
大正10(1921)		○		○			○要領	補助金申請
大正11(1922)		○	○	○				経常費補助申請・命令書T.11.4
大正12(1923)	第四代院長大津麟平	○	○	○				書院概要　補助申請書T12.6.6
大正13(1924)		○	○	○				同文会施設事業補助申請書・命令書
大正14(1925)		○	○	○				書院視察報告(文部省矢野)・補助団体及び其施設の大要(外務省文化事業部)
大正15(1926)－昭和元	第五代院長近衛文麿	○	○	○				補助金申請書・支那研究部の充実発展に就いて
昭和2(1927)		○	○	○		○		
昭和3(1928)		○	○		下のみ	○ 年度報告書		W3:051:2-3・W3:Z491
昭和4(1929)			○		上のみ	○ 年度報告書		
昭和5(1930)		○	○					
昭和6(1931)	第六代院長大内暢三	○	○	○		○		

資料13

年度	校舎名/院長・学長	決算関係	予算関係	事業報告		年報	東亜同文書院章程	その他
				上・下	片方			
昭和7(1932)		○	○	○		○		
昭和8(1933)		○	○		上のみ	○		
昭和9(1934)		○	○	○		○		
昭和10(1935)		○	○	○		○		
昭和11(1936)		○	○	○		○		補助金申請書・図書館分類について
昭和12(1937)	虹橋路→長崎仮校舎	○	○	○	W3:Z492	○		火災状況について
昭和13(1938)	海格路校舎 上海国立交通大学跡	○	○	○	W3:Z492	○		長崎仮校舎引揚跡上海焼跡財産処分報告
昭和14(1939)			○	○	W3:Z492	○	大学学則	校舎再建趣意書・退職慰労金内規改正ノ件
昭和15(1940)	1月大内学長兼院長 9月学長兼院長矢田七太郎		○	○	W3:Z492		学則改定	
昭和16(1941)			○	○	W3:Z492			
昭和17(1942)				○	W3:Z492			
昭和18(1943)				○	W3:Z492			
昭和19(1944)	学長本間喜一	○		○	W3:Z492			
昭和20(1945)		○	○	○				国庫補助金交付指令

＊W3は本学霞山文庫所蔵

【著者紹介】

成瀬さよ子

昭和23（1948）年、愛知県豊川市（旧宝飯郡）にて誕生。県立国府高等学校、愛知大学短期大学部を卒業後、愛知大学図書館職員（司書）として40年間勤務。この間大学図書館研究会「大図研」に所属。
現在愛知大学東亜同文書院大学記念センター研究員

1998年～1999年	東亜同文書院についてレファレンスツールを作成。 5年後ネット上で公開した。
2004年	『東亜同文書院関係目録』を出版。アメリカ研修旅行で有名5大学（ハーバード大学・ミシガン大学等アジア図書館を所有する）を巡りライブラリアン及び研究者と交流、現在も続いている。
2005年～2008年	東亜同文書院・東亜同文会が出版した雑誌記事データベースを作成し、インターネット上で公開。
2006年	『東亜同文書院大旅行誌』全33巻のオンデマンド出版を計画実施。 愛知大学同窓会及び愛知大学東亜同文書院記念基金会から夫々奨励賞授与。 東亜同文書院大学記念センターがオープン・リサーチ・センター（O.R.C.）として国の補助金が認可されると研究員となり司書と兼務。　O.R.C.の事業で横浜開催の「図書館総合展」に大学として初参加し、展示会と講演会（漫画家の安彦良和氏・ハーバード大学のRonald Suleski博士・藤田佳久愛知大学名誉教授）を開催し大盛況を得る。
2007年	東京霞が関コモンゲート西館霞山会ビルでの展示会と講演会（作家の船戸与一氏・李廷江中央大学教授）を開催。
2008年	アクロス福岡で展示会と講演会（アンパンマンのやなせたかし氏と藤田佳久教授）を開催。
2009年	第61回アジア学会（シカゴにて開催）に東亜同文書院の展示を出展。シカゴ大学図書館で現地ライブラリアン奥泉氏の協力で、藤田教授の英語での講演会および成瀬の「東亜同文書院・東亜同文会雑誌記事データベース」についてのデモンストレーションを行う。
2006年～2008年	台湾にて東亜同文書院関係の資料調査に藤田教授と若手研究者と共に参加し、台湾研究者とも交流を深める。
2012年～2019年	退職後、「東亜同文書院研究会」をボランティアで主催。

今回出版したこの本が、若い人達にとって少しでも参考になればと願っている。

上海東亜同文書院大学図書館の世界
—その激動の軌跡から解き明かす—

発行日	2024（令和6）年7月11日　第1刷発行
著　者	成瀬さよ子©
発行者	山本真一
発行所	シンプリブックス（株式会社シンプリ内） 〒442-0821　豊川市当古町西新井23番地の3 TEL：0533-75-6301

ISBN978-4-908745-27-0